教育部人文社会科学重点研究基地重大项目“生活德育的理论深化与实践推进研究”
（项目编号：16JJD880027）的研究成果

“接上童气”

——小学《道德与法治》统编教材研究

高德胜　章乐　唐燕　著

人民教育出版社
·北京·

图书在版编目（CIP）数据

"接上童气"：小学《道德与法治》统编教材研究/高德胜，章乐，唐燕著.—北京：人民教育出版社，2019.9（2024.6重印）
ISBN 978-7-107-33742-0

Ⅰ.①接… Ⅱ.①高… ②章… ③唐… Ⅲ.①政治课—教材—研究—小学 Ⅳ.①G623.102

中国版本图书馆CIP数据核字（2019）第199673号

"接上童气"——小学《道德与法治》统编教材研究
作　　者：高德胜　章　乐　唐　燕
责任编辑：毛远臻
书籍设计：李　媛

出版发行　人民教育出版社
（北京市海淀区中关村南大街17号院1号楼　邮编：100081）
网　　址　http://www.pep.com.cn
经　　销　全国新华书店
印　　刷　北京新华印刷有限公司
版　　次　2019年9月第1版
印　　次　2024年6月第6次印刷
开　　本　787毫米×1 092毫米　1/16
印　　张　18.25
字　　数　198千字
定　　价　37.80元

目录

导论：
教材编写的学术性

教材编写是极其艰难的事情，其艰难是多方面的，学术上的艰难就是其中之一。然而，我们一般很少从学术的角度去理解教材编写的艰难，结果是一套又一套教材的编写，一次又一次的艰难体验，却没有学术经验的积累。从2012年开始，在教育部的组织和领导下，我们接受了小学《道德与法治》统编教材的编写任务。从一开始，教育部领导就明确说这是一项政治任务。对此，我们认识到，教材就是一种教育的体现，作为政治任务，我们希望以学术的方式去完成它。因此，整个教材编写的过程，既是完成政治任务的过程，也是学术探索的过程。

正因有学术的立场与意识，我们的教材编写过程也就与学术研究过程融为了一体。这样的工作方式，有益于保证教材编写的学术性，使全套教材的整体设计乃至每一课、每一个环节的设计基本上都有学术思考“打底”。随着教材编写的推进，编写经验得到了积累，学术思考也有了丰厚的沉淀。一门学科教材成熟的明显标志之一就是编写者不仅能为学生编写出他们喜欢、对他们有意义的教材，还能为教师、教材研究者呈现编写者在教材编写过程中所作的思考与积累的经验。在教材面世的同时，与教师、研究者一起分享编写者的诸多思考与体会，这正是我们编著此书的目的。教材的编写与开发是一个长久和持续的事业，这些编写经验对进一步研制教材发挥着重要的作用。

一套好的教材要有理论自觉。虽说凭借经验、直觉，按照课程标准的要求也能编写一套“四平八稳”的教材，但这种没有理论自觉的教材显然缺乏教育的高度和学术的深度，不可能是高水平、高质量的教材。教材的理论性，既体现在教材编写的整体思想上，也反映出对每一个教育主题的深入探究。高水平教材投入使用后，其最大教育效果的发挥取决于任课教师对教材的深入理解和把握。为此，本书的首要目的就是讲清楚小学《道德与法治》统编教材的理论思考。这种“讲清楚”不是单纯地交代教材有什么理论，而是论述一种理论在教材编写中是如何运用的，针对的是什么问题，要达到的目的是什么。换言之，就是要讲清楚教材的整体设计和具体细节设计背后的理论支撑。教师对教材设计理论的理解与掌握对用好、用活教材至关重要，因为只有准确理解了教材设计的理论基础，才能准确把握教材设计的意图，才能不受教材自身的局限，从而以教材所要达到的目的和遵循的理论去创造性地使用教材。

一套好的教材要有教学。所谓“有教学”，即教材表面虽呈现的是内容文本，但实际上有着自己的教学主张与教学范式。教材文本是教育内容静态的、平面化的展示，其背后要有立体化的、动态的教学预设。限于文本的限制，教材不可能将立体化、动态的教学呈现出来，但可以通过教材结构、呈现方式和栏目设计对教学有效地进行指引。对此，本书的第二个目的就是将教材所倡导、预设的教学思想、教学方式揭示出来，与广大教师分享交流，发挥教材对教学的指引作用。编写者对教材的重视往往大于对教学的重视，因为教材是看得见摸得着的，而教学则是动态的、变化的。但教材要对学生发挥教育作用，必须通过教学这一中介。因此，编写者需要进一步重视教学研究。本书对教材所蕴含的教学思想的揭示，也是编写者对教学研究所作的努力和实践的结果。

教学的重要其实也就意味着教师的重要，因为教师是教学的主要参与者、实施者。小学《道德与法治》统编教材对教师的学科素养有新的要求，用一句话概括，就是教师具有“在之间”性。也就是说，本学科教师的学科素养不是单一维度的，而是多种维度的。第一，处在多种学术学科之间。本学科有一个典型特点，即没有一个单一的学术学科作为“母学科”，而是多种学科的综合。因此，教师的学科素养来自政治学、伦理学、法学、哲学、社会学、心理学等学科，教师要综合地学习这些学科的基本知识。第二，处在学术学科与教育之间。无论是来自哪个学科的内容，最终都要进行教育处理，抵达学生的世界，这就要求教师具备将学术学科的知识教育化的素养。第三，处在品格与职业之间。教师是一种职业，也有职业行为规范。但本学科的一个重要特点在于，教师从事教学不仅仅是一个工作，不单靠工作技能，还要靠自身的品格。也就是说，教师的品格本身就彰显着教育因素和教育力量。这一特性要求教师具备将自身品格与教学技能结合起来的素养。第四，处在教与学之间。教师的教当然重要，但还要有基于学生的学。德育归根结底是学德。也就是说，本学科教师具备将教与学结合在一起的素养。以上学科素养的要求是用好教材的前提，也蕴含在教材之中。对此，本书的第三个目的就是将基于教材的教师学科素养揭示出来，为教师的专业发展指明方向。

本书的核心主题是研究统编教材如何“接上童气”、教育如何到达儿童。全书共分四章。第一章主要从教材的伦理学转向、对儿童经验的处理和教材的文本策略三个方面研究课程、教材如何到达儿童；第二章以法律教育和传统教育为实例来探索教育、教材到达儿童的方法与策略；第三章研究统编教材的一个突出特征——以学习活动为核心；第四章研究德育教师的身份与道义动机。在四章主体内容之外，还以附录的形式加入了教材编写故事，力图以真实的故事来呈现教材编写的细节与过程。

本书所预设的读者群体首先是使用教材的广大教师。如前所讲，本书对教师研究教材、开展有效教学的意义不言而喻。本书可以与教师用书参照使用。如果说教师用书是对教材本身的解读，那么本书则是对教材学术性的探究，可帮助教师提升理解教材的理论高度。

本书也是广大教研员的专业必读书。教研员要研究教材与教学，指导教学，进行教学评价，必须超越教材文本本身，具备理论高度。本书可以帮助教研员提升专业素养，更好地做好教研工作。本书也是教材研究者、小学教育专业本科生、德育专业研究生、思政学科理论工作者的学术参考书。

为了有助于大家阅读，我们在每章之前设有“本章导引”，介绍本章的基本内容和逻辑线索。在每节之前设有“本节提要”，介绍本节的核心要点和逻辑结构。

本书由高德胜、章乐、唐燕三人共同完成，整体框架由三人共同讨论并确定下来。高德胜负责导论、第一章第一节、第二节，第二章第一节，第三章第一节、第二节的撰写；章乐负责第二章第二节、第三节，第三章第三节的撰写；唐燕负责第一章第三节，第四章第一节、第二节的撰写。每章的导引和每节的提要由章乐和唐燕完成。此外，本书还选用了小学《道德与法治》统编教材的核心编者吴煜姗老师所撰写的教材编写故事。

高德胜

2019年1月22日

第一章

探寻教材抵达儿童生活之路

本章导引：

自2001年德育课程改革以来，编写一套契合新课程目标和新课程理念的新教材，一直是德育课程研究者、德育教材编写者和德育实践者不断探索的课题。其中，核心的难题是一套德育教材如何既系统地体现国家和社会对儿童道德发展的要求，又全面地反映儿童生活的多样性、动态性，以满足儿童道德成长的需要。这就需要跨越国家和社会的外在要求与儿童道德发展规律、知识逻辑与生活逻辑、教材体系性与儿童生活多样性、人类道德生活经验与儿童自身的生活经验之间的沟壑，探寻出一条能够让教材抵达儿童生活的道路。

为此，我们首先从编写思路上着手来研制小学《道德与法治》统编教材。在教材编写的伦理观上，结合叙事伦理学与理性伦理学的优势，革新教材编写的伦理基础；在教材编写的经验观上，力图将“儿童经验”搭建为学生进行道德学习的“楼梯”；在教材编写的设计观上，以古典诗学为参考，使用新颖的教材文本编写策略，力图使德育教材成为真正“模仿儿童生活”的文本。我们力图通过上述多方面的努力，破解生活化教材编写的难题，打通教材抵达儿童生活的通道，使德育教材真正回归儿童生活，为儿童的道德成长服务。

第一节
叙事伦理学与生活事件：突破德育教材编写困境的尝试

本节提要：

在现代教育中，道德教育的专门化、课程化趋势催生了学校教育中的直接德育课程。然而，直接德育课程的基本形态和操作方式，难免会让人怀疑其道德教育的有效性。2001年以来，德育课程改革着力突破德育知性化与德育脱离儿童生活的现状，重构回归生活的德育课程，使之成为提升儿童生活的“特定时空”，从而让直接德育课程也兼具“间接德育”的特性。那么，落实上述新德育课程理念的德育教材应如何编写呢？

对此，新德育教材将叙事伦理学与理性伦理学作为教材编写的伦理基础，以生活事件为建构教材的原材料，涵盖相对完整的、体系化的德育内容，同时尽可能地全面反映儿童生活的多重性、动态性，研制出满足儿童道德成长需要的“教本”与“学本”。

一、德育课程：一个难解的“死结”

人是道德存在，道德是人异于禽兽的标志。道德从哪里来？人有天生的道德潜能，也有道德学习的能力。道德可学，这是毫无疑问的。但道德是否可教，则是一个争议很大的问题。其实，既然道德是可学的，那么道德也就是可教的。在教与学的关系上，教以学为基础，但二者有一定的互依性，教对学的影响不容否认。实际上，问题的关键不是“道德是否可教”，而是“道德如何教”。

在古代教育中，道德如何教并不是一个问题。总体来说，古代教育就是道德教育。古代教育基本上由私人举办，他们办教育的主要目的是让受教育的人的精神得到成长。这也就决定了古代教育的主要内容是关于“人事”或“心智世界”的知识。无论是古希腊雅典的文学、艺术、音乐、体育，古罗马的文法、修辞、逻辑，还是文艺复兴之后的人文学科，都是以“人间事务”为内容来引导学生思考、体悟、认识人性，进而达到修炼品格的目的。也就是说，古代教育作为一种教育形态，总体上就是为了道德教育而存在的，因而不存在道德如何教的问题。

现代教育与古代教育大异其趣。综合来看，现代教育有四个方面的驱动力，可形象地说是“四轮驱动”，即教育的大众化、国家化、体系化、科学化。这是现代教育的特征，也是现代教育的成就。当然，现代教育取得成就的同时，也付出了很大的代价。其中，最大的代价就是道德代价——道德成为现代教育的主要牺牲品，沦为了现代教育的“轮下之物”。大众接受教育不是为了道德提升，而是为了获取谋生技能，教育的大众化一定程度上推动教育变成了“印刷术”，现代化工厂成了学校的“原型”，人降格为“生产”“加工”的对象；国家主办教育的主要目的不是培养个人品德，而是服务于国家认同和劳动力生产；体系化、科层化的学校以等级与规则为逻辑，人的情感与个性都成了需要被排除的干扰因素，学校在很大程度上沦为一个“道德贫乏的地方”；教育的科学化意味着关于世界的对象化的科学知识成为教育的重心，同时意味着那些关于人世与人事而在科学上可疑的知识则被发配到了边缘[1]。但教育也是道德事业，即使是以牺牲道德为代价的现代教育也不能完全忽视道德教育，不能理直气壮地置道德教育责任于不顾。人们一方面有意识或无意识地排斥道德，另一方面又不得不进行道德教育，这就是现代教育的一个悖论。

面对这一悖论，现代教育的解决办法就是将道德教育专门化，即开设专门的德育课程，把道德置于与其他课程或知识领域并列的地位，将道德及其教育课程化。这样做既可以应付外界对“教育缺德”的指责，又能让学校的其他课程与活动不再有道德负担，不再为道德教育责任而分心，从而全神贯注于学科目标的实现。正是在这一策略的指引下，在现代教育初期，德育课程将伦理学与道德哲学的概念作为内容，以道德知识的教与学为道德教育的基本方式。这一解决方式看起来很完美，但人们很快就发现这样做带来的巨大问题。涂尔干和杜威直接判了这种直接德育课程的“死刑”。涂尔干说：“当一个人按照课程规定把整个道德压缩成几节道德课，并在一周之内用比较短的间隔来不断重复这几节课的时候，他很难满怀激情地完成这项工作，因为这种间歇性的课程特点几乎不足以给儿童留下任何深刻或持久的

---

[1] 高德胜．论道德作为现代教育之代价［J］．高等教育研究，2013（10）：1-9．

印记，而没有这些印记，儿童就不能从道德文化中获得任何东西。”[1]这段话概括了直接德育课程的基本形态和操作方式，并从教师和学生两个角度指出了这种课程的无效性。杜威首先区分了“道德观念”和“关于道德的观念”，前者是能够影响行为、使行为有所改进和改善的观念（其反面是使行为变得更坏的观念），后者是不能使行为变得更好或更坏的观念。杜威指出，直接的道德教学只能让学生学到“对行为没有影响、既不使它变得更好也不使它变得更坏的观念和片断知识”，而“道德观念”则是通过学校整体生活才能获得的，所以“直接道德教学的影响，即使充其量说，比较地在数量上是少的，在影响上是微弱的”[2]。

涂尔干和杜威对直接德育课程的“判定”在理论上是合乎逻辑的，也符合教育的基本经验（对教育有真实经验的人对此都有真切的体会）。鉴于此，直接德育课程在西方从此一蹶不振。无论是涂尔干还是杜威，虽然他们质疑直接德育课程的意义，但是都不否认道德教育本身的价值。道德教育在他们的教育思想体系中都占有重要位置。他们认识到直接德育课程在道德教育上的无能，于是将希望寄托于学校的整体生活，寄托于所有课程与教学所进行的间接道德教育。但现实很残酷，现代教育在一定程度上就是以牺牲道德为代价才得以高速发展，因而学校的整体生活和其他课程与教学基本上不会在意道德教

---

[1] 涂尔干．道德教育［M］．陈光金，等，译．上海：上海人民出版社，2001：123．

[2] 杜威．学校与社会·明日之学校［M］．赵祥麟，等，译．北京：人民教育出版社，1994：142-143．

育。也就是说，没有了德育课程，道德教育在学校里也就没有了存在的空间。尽管道德教育的效果令人生疑，但直接德育课程的存在让现代教育保留了一个讲伦理话语的空间。在学校教育课程化的时代，教育以课程的方式存在，一旦没有了德育课程，在很大程度上也就意味着没有了道德教育。正是在这个意义上，有人指出，杜威等人取消直接德育课程的提议，无异于让道德教育去自残、自戕。

正是这种矛盾的境况，导致很多国家在课程设置上出现一个吊诡现象，即名义上没有德育课程，但实际上有“类德育课程”。以美国为例，各州都没有专门的德育课程，却有“社会科”（social studies）这一“类德育课程”。说社会科是“类德育课程”，是因为社会科内容虽然不是直接关乎道德的，但是与道德密切相关。社会探究课程中的公民教育、价值教育、文化认同教育、法律教育、社会与公益服务教育、文化多样性教育等主题，显然不能与道德教育截然分开，它们探究的是人类活动经验，归根结底还是教年青的一代如何生活。对这一类课程的定性，不同的人有不同的观点，就其实质而言，可以说是一种“不谈道德的德育课程”，或者说是广义上的德育课程。这种“类德育课程”的存在，在一定程度上缓解了学校生活中没有道德话语和道德意义空间的问题。但是，尴尬依旧——社会科毕竟不是名正言顺的德育课程，它将人类社会、人类活动作为探究对象，属于科学化的知识领域。在一些欧美国家，道德教育已经污名化，道德教育甚至被认为是特定意识形态的灌输、对个人选择的干预。在这种社会背景下，本来接近道德教育的社会科也在竭力撇清与道德教育的关系。有关人士看到了德育课程缺失的问题，认识到了社会科的局限性，主张进行直接的品德教育和开设专门的品格教育课程，于是在20世纪中后期“品格教育”（character education）得以兴起。

中国的文化传统和政治现实都不容许直接德育课程的缺位。中华人民共和国成立以来，我国一直都是坚定不移地开设德育课程。但是这种坚定不移不是基于理性自信，也不是基于对涂尔干和杜威质疑的理论回答，而是基于政治意志。也就是说，我们虽然一直在坚定不移地开设德育课程，但是涂尔干和杜威提出的关于德育课程的合法性问题并未得到解决。直到21世纪初，新课程改革为我们探索这一问题的解决之道提供了机会。新课程改革将原来小学的思想品德、社会、生活实践等课程合并，在小学1至2年级开设品德与生活课程，在3至6年级开设品德与社会课程。这一改革的最大变化是课程的转向，即从政治与道德概念、知识的教育转向对儿童生活的引导，即课程的核心关注点不再是“关于道德的（知识）观念”，而是引导儿童在不同的生活场域中能够过有道德、幸福的生活。

虽然这一转向算不上是对涂尔干、杜威诘问的完全解答，但起码是一种探索。涂尔干、杜威对德育课程有效性与合法性的质疑，可以归结为两个基本点：一是道德的概念化，二是道德与生活联系的中断。诚如杜威所言，过去德育课程所讲述的伦理与道德概念，确实无法转化为能够影响儿童行为的“道德观念”。我们通过回归生活这一转向，使德育课程从过去的关注伦理道德概念转向关注如何引导儿童过好现在的生活，对于突破杜威等人指出的德育课程困局来说，这是一个探索性思路。涂尔干认为道德教育“不是某时某刻的事情，而是每时每刻的事情”[1]，德育课程的错误就在于将“每时每刻的事情”变成了“某时某刻”的事情。回归生活的德育课程，对这一问题的解决思路是重建课程与儿童生活的联系，即课程虽然是在特定时间实施的，但是其内容则来自儿童的整体生活。课程虽然无法代替儿童的整体生活，但是可以提供一个特定的时间和空间，引导儿童对自己的整体生活进行反思、体悟、整理、想象、提升。儿童生活具有“自在”的特性，好也罢，坏也罢，儿童很少对其进行对象化的审视，往往任其流淌。这种自在性虽然有其益处，但是如果儿童生活的品质本身就有问题，还任其流淌，就会抑制改善、提升的可能性。对此，教育一方面是顺应，另一方面则是引导和改善，给儿童敞开另一种生活的可能，帮助他们摆脱个人境况所造成的狭隘，这正是教育的使命所在。回归生活的德育课程正是提供了这样一个机会，即课程与教师引导儿童在“自在”生活的基础上，慢慢去尝试“自为”的生活。通过这一改革，我们试图为德育课程找到一个定位，即德育课程不是一个单独的道德教育时间，而是一个生活提升的“特定时空”。

这一改革还突出了德育课程的“间接德育”性。德育课程的主要内容不是关于道德的，或者说不是直接关于道德的，而是关于儿童生活、社会生活、国家生活的，这些有关生活指导的内容，最终指向的是儿童的品格发展。虽然它是直接德育课程，但呈现出了“间接德

[1] 涂尔干．道德教育［M］．陈光金，等，译．上海：上海人民出版社，2001：123．

育”的特性。改革后的新德育课程，与西方国家的社会科有更多的相似性。诚然，我们参考和借鉴了西方国家的社会科，但更多的是基于自己的理论思考。当前，新德育课程以生活德育论为理论基础。简言之，生活德育论有两个理论基点：一是在生活与道德的关系上，我们认为道德是为了人的美好生活而存在的；二是道德发展的生活依赖性，即道德无法脱离生活而单纯得到发展，道德必须在生活过程中才能得到发展。从生活德育论出发，我们将德育课程的核心关注点放在引导儿童如何生活上，将道德教育内容纳入美好生活的范畴。德育课程虽然要发展学生的品德，但是这种发展不是将道德从生活中抽离出来进行“盆栽”，而是通过生活的提升来发展。

二、德育教材：在体系与叙事之间

德育课程和道德教育建立在一定的伦理学基础之上。伦理学有两种理路，即理性伦理学和叙事伦理学。理性伦理学以哲学或其他理性思考的方式将伦理的一般法则揭示出来，并使之体系化。真实的伦理发生在人间，存在于人与人真切的互动与交往之中，或者说就在生活中。理性伦理学将存在于生活中千姿百态的伦理从其所融入的生活中剥离出来，形成伦理概念并组成伦理体系。叙事伦理学则是“讲述个人经历的生命故事，通过个人经历的叙事提出关于生命感觉的问题，营构具体的道德意识和伦理诉求”[1]。叙事伦理学没有把伦理从其所融

[1] 刘小枫．沉重的肉身——现代性伦理的叙事纬语［M］．上海：上海人民出版社，1999：4．

入的生命活动中剥离出来，而是将包含伦理问题的生命活动片段以叙事的方式呈现出来。

如果说理性伦理学关注的是伦理的普遍法则（抽象），那么叙事伦理学关注的则是伦理的细节（具象），二者都是优劣兼具的。理性伦理学的优势在于对普遍性的把握，劣势在于伦理概念与生命活动本身的剥离，变得抽象、冰冷。它一方面很难俘获人心，另一方面又有概念门槛，普通人即使想窥其门径，也需要具备一定的理论能力。叙事伦理学的优势在于其鲜活具体，有很强的感染力，能够贴近和抓住生命个体，劣势在于片面和碎片化，缺乏概念体系，无法把握伦理本质和普遍性。理性伦理学可以通过概念体系形成一种宏大叙事，在概念体系中暗示出一种叙事结构；叙事伦理学则可以通过叙事之间的组合隐含出一种伦理概念体系。但上述努力的效果是有限度的，不论理性伦理学所建构的宏大叙事多么清晰，都带有理性伦理学的抽象性，无法达到真正叙事伦理学的鲜活生动；叙事伦理学所隐含的理论体系无论多么明了，都带有叙事自身的碎片化和多义性，无法实现理性伦理学的概念准确性与体系严密性。

两种伦理学之间的冲突由来已久。柏拉图认为哲学与当时作为叙事伦理学的主要存在形式的诗之间的斗争关乎城邦存亡，“这场斗争是重大的。其重要性程度远远超过了我们的想象。它是决定一个人善恶的关键。因此，不能让荣誉、财富、权力，也不能让诗歌诱使我们漫不经心地对待正义和一切美德”[1]。在柏拉图以前，《荷马史诗》等

[1] 柏拉图．理想国［M］．郭斌和，张竹明，译．北京：商务印书馆，2017：412．

叙事作品一直是古希腊人的主要精神食粮，一代又一代的希腊人正是在读《荷马史诗》等叙事作品中形成了自己的价值观、道德观。可以说，以《荷马史诗》为代表的叙事作品是希腊人的道德源泉，是希腊人的叙事伦理学的权威教材。但柏拉图却通过论证诗人的无知、诗歌诉诸人的低等本性（感官、幻象、幻觉、具象、情感）、腐败人的心灵等来批判诗歌[1]。从哲学家和理性伦理学的立场来看，柏拉图对诗的批判虽然偏激，但是有一定的道理。比如，诗人确实不是理性思考者，他们不是用概念和理论体系来表达的，而是用对生活和人的活动的描摹来打动人心的。如果知识的标准就是追求准确的概念体系，可以说诗人是“无知”的。因为诗诉诸的是人的感官和感情，而不是人的理性。生活是善恶兼具的，作为对生活的描摹，诗也是善恶“混在”的，比如在《荷马史诗》中就有对众神钩心斗角的描写，这当然有腐败人的心灵之可能。

从柏拉图的批判中，我们既可以看到他对诗这一叙事形式伦理教化功能的戒备，也可以看到他的“认可”。在《斐多》篇中，柏拉图笔下的苏格拉底在临刑前竟然放下哲学，开始创作诗歌，这似乎暗示将死的苏格拉底认识到诗对大众教化的作用远远超过哲学，因为他就是被雅典公民投票而处以死刑的。然而，让人感到矛盾的是，柏拉图在自己的作品中，对苏格拉底对话的描写，不仅在总体上形成了一种叙事风格，而且在对话的具体展开中，甚至在对关键概念论述的关节

[1] 余纪元.《理想国》讲演录：第2版[M]. 北京：中国人民大学出版社，2011：210-219.

点上，也都使用了叙事的方式，如著名的洞穴比喻、死后世界的描述等。

伦理学作为一门学问，或者作为一个学科，理性形态当然是最切合的。学问或学科本身就是理性的，是抽象化、概念化、体系化的。叙事可以作为伦理学的一种形态，但叙事有多维多向的功能，并不专为伦理而存在，如诸多叙事伦理学意味浓重的作品本身更偏向于文学艺术而非伦理道德的范畴。因此，在伦理学的发展过程中，理性伦理学的主导性不容置疑。伦理学的理性形态为伦理学的知识积累和思想发展作出了巨大贡献。叙事伦理学则因为自身的特性，在伦理学的发展过程中被理性伦理学“驱逐”，甚至退出了伦理学，最终它只是作为一种文学艺术形式而存在。

在伦理学中，理性伦理学的优势不可动摇。但是在教化和教育中，叙事伦理学的作用则是理性伦理学无法企及的。一旦进入教育领域，理性伦理学的劣势就暴露无遗。第一，如前所论，理性伦理学往往以道德规范或“真理性”的结论出现，这赋予伦理学以准确性和深度，但对生活中的人却是一种“专制性威压”。自主性是人最基本的精神需要，在正常情况下，人需要自己去探索人生之道，而不是从别人那里直接获取现成答案。因此，理性伦理学在日常生活中遭到人们的排斥，难以对普通人产生道德教育作用。第二，即使人克服了对理性伦理学“专制性威压”的心理排斥，认真学习它，但往往也因理性伦理学多作用于人的理性认知，而对人的情感影响较弱。我们知道，没有情感共鸣和认同，人的认识就很难化为德性。第三，如前所论，理性伦理学建基于概念体系，对于专业人员来说，这是专业性的基础，但对于普通学习者来说，这就是门槛。不掌握概念体系，我们就无法理解理性伦理学的基本思想。不难想象，即使理性伦理学有教育人的动机，也会因其概念体系门槛的存在，而将普通人挡在门外。

理性伦理学无力的地方，恰是叙事伦理学大显身手之处。第一，叙事伦理学契合人的存在方式。人是叙事化的存在，叙事是人认识世界和自身的重要方式之一，没有叙事，人甚至无法形成对世界的概念，也无法形成对自我的概念。把世界的发展进程讲述成一段叙事，易于消除人对世界的陌生与恐惧，从而使人们更好地认识世界。人对自我的认识，也只有把自身经历讲述为一种叙事，才能使自我联结成一个整体，从而形成自我认同。第二，不同于理性伦理学那样以真理的面貌出现，叙事伦理学只是讲述人的生命历程与体悟，是对人的一种陪伴，至于你从这种陪伴中获取什么，完全取决你自身，体现出对人的自主性的一种尊重。正如刘小枫所言："叙事伦理学不说教，只讲故事，它首先是陪伴的伦理：也许我不能释解你的苦楚，不能消除你的不安，无法抱慰你的心碎，但我愿陪伴你，给你讲述一个现代童话或者我自己的伤心事，你的心就会好受得多了。"[1]第三，叙事比体系更能打动人，叙事对人的影响也更深，可以进入人的意识、潜意识和无意识之中[2]。叙事对人发生影响的机制是"共振"，叙事如果能够

[1] 刘小枫．沉重的肉身——现代性伦理的叙事纬语［M］．上海：上海人民出版社，1999：7．

[2] 伯格．通俗文化、媒介和日常生活中的叙事［M］．姚媛，译．南京：南京大学出版社，2000：11．

拨动我们的心弦，我们就会与叙事中的人物产生心灵共振，就会在不知不觉中受到影响。

回归生活是德育课程新的方向。这个方向在课程标准的层次上是清楚明白的。课程标准是国家课程的纲领性文件，作为一种教育方式的选择与设计，它往往以一种理论化与体系化的面貌出现。《义务教育品德与生活课程标准（2011年版）》和《义务教育品德与社会课程标准（2011年版）》也是如此，虽然它们以回归生活为基本理念，但也是按照课程性质、课程理念、课程目标、内容标准、实施与评价建议这样条理化的逻辑建构起来的，“生活的味道”并不浓。但这并不是什么问题，因为生活德育论本身也是一种理论，以其为理念的课程标准就是对这一理论的阐释。不难看出，课程标准的制定是以理性伦理学为基础的，这样做也是合理的。只有这样，才能以理性化、体系化的方式将课程所遵循的伦理理念、原则与所要求的伦理内容阐释清楚。

与课程标准不同，一方面，教材是国家和社会教育意图的体现，有系统化的要求；另一方面，以生活指导为己任的德育课程又必须具有“生活的味道”（生活本身不是理论化、体系化的，甚至在一定程度上是反理论、反体系的），可以说，教材处在体系与生活的张力之间。如果教材只是课程标准的展开，一旦被课程标准体系化逻辑的拉力拉偏，就会变成课程标准的“注解本”“扩展本”，反而无法体现课程标准所倡导的关注学生生活的理念。有些版本的教材，其主要内容依然是道德概念体系的呈现，只不过是增加了学生生活的事例而已。

可见，从课程标准到教材，德育课程的转向并不是轻而易举的事情。

在教材研发中，我们采取了一种“混合”伦理基础的方式，即将教材置于理性伦理学与叙事伦理学之间。教材的每一课，各个环节的基本素材是生活事件，即用生活叙事作为教材的基本材料，但各个环节内部、各个环节之间都有清晰的逻辑与线索，整体上又有理性化的特征。具体到每一册的每一课相对是叙事的，但整册又具有清晰明了的逻辑结构和体系化的特征。就整套教材而言，各册相对是叙事的，但全套教材又呈现出严密的体系结构。单就每册教材来看，整体上是体系化的，但同时又蕴含着儿童生活的叙事结构，具有叙事化的面貌。

这样处理可以最大限度地发挥两种伦理学的长处，克服两种伦理学的短处。如前所论，理性伦理学的长处在于它的概念化、体系化，短处则是在教育、教化方面的“无力”。我们将德育教材置于体系与叙事之间，就是想在靠近体系的同时，又与体系保持一定的距离。靠近不单是为了使德育教材有一种逻辑存在，能够清晰地体现教育意图，还在于使教材有一定的知识含量和理论高度；保持距离则是为了回避体系化带来的抽象、冰冷，避免体系化在教育上的缺陷被放大，导致学习者对教材的疏离与排斥。我们力图融入叙事的同时，又能从叙事中抽离。融入是为了让教材能够成为“陪伴”儿童的存在，能够与儿童产生心灵上的共振，在不干预儿童自主成长的同时，在潜移默化中实现教育引导；抽离是为了避免叙事的碎片性、歧义性，用体系将叙事串联成一个整体，避免个别化叙事所隐含的偏离教育意图的危险。

三、用生活事件组织德育教材

基于回归生活的设计思路和对叙事伦理学的教育功能的认识，我们采取了新的策略，即以“生活事件”（life event）作为基本素材来组织教材。所谓生活事件，就是在一定时间内发生的事情。第一，一个生活事件作为一种叙事，往往有一个或多个主体，都有“主人翁”。生活事件的主人翁可以是人，也可以是物，如果是后者，则往往以拟人化的方式呈现。第二，生活事件要有主体的言行，如果没有主体的所说所行，当然构不成一个事件。需要特别说明的是，有时候主人翁的言行并不一定是主动的，也可能是被动的。比如，在“某同学因为帮助别人被老师表扬了”的事件中，主人翁“某同学”的“被表扬”不是他的主动言行，而是被赋予的经历。第三，主体的单个言行往往只能建构最简单的事件，由多个言行构成的关联或由此导致的事态变化则可以构成相对复杂的事件。

生活事件种类多样，不是都有道德意蕴或与道德相关。我们在教材中选用的多是有道德意蕴的生活事件，甚至有些生活事件从表面上看与道德不相关。比如，在三年级上册第5页，我们用一幅图呈现了“家长在学习”的场景，这一生活事件本身与道德的相关性是间接的。通过这一事件，教材所要表达的是一种终身学习的理念，即家长应该与在校学习的学生一样，也要不断学习。从宽泛的意义上看，这当然也是道德教育。教材中这样的生活事件有很多，之所以如此处理，一方面在于课程性质具有生活性；另一方面在于我们对道德、道德教育的理解不是狭隘的，而是宽广的，即引导儿童去过积极的生活，去体悟积极的价值与态度。

过去的德育教材也讲故事，但所讲的主人公往往是伟人，尤其是政治人物。这类故事不是不可以讲，但要看与儿童生活的关联程度，且不能成为教材的主体性内容。以往有些德育教材的基本面貌就是一课一个德目，开篇讲这个德目的含义，接着呈现一个符合此德目思想的真实或虚构的伟人故事，然后再以归纳总结和思考题目作为课文结尾。这样的教材结构机械、简单、枯燥，但问题的症结不在于此，而在于离儿童太远，儿童无法进入教材，无法体会故事中伟人的所思所行，无法与他们产生共鸣。我们在教材编写中，以儿童作为主体的生活事件为主，同时兼顾其他生活事件。教材的一个直接目的就是引导儿童过好当下的生活，显然以同龄人为主人翁的生活事件更能发挥这种引导性。教材所选用的生活事件，不是为了讲述他人的故事，而是通过这些生活事件，将使用教材的儿童带回到他们自己的生活情境之中，用这些生活事件去再现、反映他们在成长中体会到的美好与遭遇到的困惑。对于使用教材的儿童来说，生活事件的主人翁是“他们”，但实际上是“我们”。当然，教材不能只局限于儿童当下的生活，还要引导他们超越现时现地的生活去感受、体悟广阔的人类文化。同时，我们根据教育主题的需要，也兼顾了古今中外各种主体的生活事件。

进入教材的生活事件都是经过千挑万选的。选择的标准包括：一、典型性，即所选用的生活事件能反映儿童成长的基本状态与基本问题，能够抓住多数儿童的心；二、具有道德教育性，所选用的生活事件本身具有直接或间接的道德教育性，这种教育性既可体现在正面引导上，也可以体现在反面警示上；三、具有文化内涵，即在儿童生活之外的生活事件的选择上，尽量挑选有文化意义的经典事件。所有进入教材的生活事件，我们都一定程度地进行了加工与提升，即以基本事实为基础进行再创造。

生活事件发挥道德教育作用的机制主要是陪伴、对话和引导。成长中的儿童有这样或那样的烦恼，对此，我们选用很多生活事件作为儿童成长烦恼的话题。用同龄人类似的生活遭遇来陪伴使用教材的儿童，一方面可以使他们明白，有这些烦恼与困惑是正常的，大家都会遇到；另一方面通过生活事件中主人翁对待烦恼的态度及其处理方式，可为使用教材的儿童带来启示和引导。这种陪伴与引导是双向的，有时是教材中的儿童引导教室中的儿童，有时则是教室中的儿童引导教材中的儿童。在一些情况下，我们让教室中的儿童为教材中的儿童所遭遇的烦恼出谋划策，目的是让前者通过帮助别人来提升自身的能力。陪伴少不了对话，教材中的儿童与教室中的儿童之间是一种双向对话关系，前者可以以自身遭遇为基础向后者提出各种问题，促使后者思考、体验自己的生活，后者则可以向前者倾诉、提问。正是在这种双向对话中，使用教材的儿童得到教育与引导，我们的教育目的得到落实。

教育既要引导儿童过好当下的生活，也要引导他们超越当下的生活，从而步入人类广阔的文化世界。过去的教材在这方面给我们留下了一个深刻的教训，即教材将人类的文化知识经验生硬地告诉儿童，最终导致教材的知识化。对儿童来说，这些知识与经验是一种“不在场”的存在，如果不能与儿童当下“在场”的生活联结起来，就很难走进儿童的心灵世界。我们可以用生活事件破解这一难题，其原因在于，虽然我们所呈现的是超越儿童当下生活的他人的生活事件，但生活事件中人的感情与思考可以与儿童当下的体验与思考发生联结。阿克曼在《爱的自然史》一书中有这样一个设想：假如一个古埃及的女子复活了，让她置身于今天的高速公路、大型商业中心、巨型航站楼，她一定会被吓晕过去，但如果让她看一对情侣在街心公园拥吻，她一定会会心一笑[1]。反过来也是如此，即使今天的儿童不完全了解过去、异域的生活背景，但生活事件中人的感情与思考一样可以吸引他们。通过生活事件所蕴含的感情与引发的思考，教材就可以引导儿童进入“不在场”的人类文化世界。比如，教材在对比古今通信的差异时，选用了“日夜兼程也嫌迟”这个生活事件，讲述安史之乱发生后，为了向唐玄宗报告叛乱消息，“驿骑如星流”，日夜兼程，但也需要六天才能将消息送达。通过对比，儿童一下子就明白了古代通信之艰难，现代通信之快捷。

教材是一个“读本”，也是一个“教本”，要有利于教学活动的展开。过去德育教材遵循“道理+故事+行动要求”这一机械原则，既

[1] 阿克曼. 爱的自然史［M］. 张敏，译. 广州：花城出版社，2008：5.

不利于学生的学，也不利于教师的教。我们现在以教学为基础，将生活事件教学化，主要表现为以下几个特点。

第一，生活事件的形式多样化。单元标题、课文标题、话题虽然不能完整地呈现一个生活叙事，但整体上有生活事件的面貌，如单元题目“我和我的同伴”，就隐含了本单元的主旨：同学相伴相处。在一定程度上，生活事件可以化身为单元标题、课文标题、话题。生活事件可以是一个情景的呈现，即向学生呈现某一具有典型性的生活情景，引导学生进入类似的经验与场景之中。生活事件也可以是一个活动设计，即将生活事件转化为一个可以动脑、动手、表演的活动。生活事件也可以以美文的形式出现，让学生在文学欣赏中感悟美德。

第二，生活事件的序列化。每册教材整体上呈现出一种叙事性，以三年级下册教材为例，本册包括“我和我的同伴”“我在这里长大”“我们的公共生活”“多样的交通和通信”四个单元，这类似于四个类型的生活事件之间的转换，整体上呈现出一种完整的叙事结构。

第三，生活事件类型多元化。教材要呈现儿童的现实生活，需要使用人类已有的生活经验。现实的生活也好，过去的经验也好，都是好坏交织。我们在生活事件的选择上，并不回避负面的生活事件。正面的生活事件可以让儿童受到鼓舞与激励，负面的生活事件却可以让儿童警醒、觉悟。这显然不同于只讲“高大上”故事的教材。教材要教儿童向善，但也要引导儿童正确地面对恶。从基于生活事件的性质来看，没有对恶的认识与拒斥，向善也不可能实现。如前所论，从生活事件的主体来看，我们所选用的生活事件既有儿童自身的，也有成人的；从时间上来看，既有当下的，也有过去的；从真实性来看，既有真实的，也有虚构加工的（事理意义上的真实）。

第四，生活事件功能的多样化。叙事即讲述一个事情，这是生活事件的本体功能。但进入教材的生活事件，我们可以赋予其多方面的功能，如：经验唤醒功能，即通过生活事件的呈现，唤醒儿童已有的经验（进入意识的经验和无意识经验）；场景铺垫功能，即通过生活事件设定一个生活场景，充当一个教学活动的导引和铺垫；激发思考功能，即通过生活事件提出问题，引导儿童对特定问题进行思考；活动引导功能，即将生活事件作为一个教学活动的导入与提示；范例功能，即通过生活事件向儿童提供一个解决某一烦恼或问题的范例；欣赏提升功能，即通过生活事件对某一教育主题进行提升；代入功能，即通过讲述他人故事的方式，借他人的错误来映射儿童生活中的不良思想与行为等。生活事件在教材中的功能当然不止这些，在此无法一一尽述。总体来说，我们不是静态地讲述生活事件，而是站在方便教学的立场，发挥生活事件的多样功能，力图使生活事件与教学活动设计完美地融合在一起。

第二节

“接童气”：

教材对儿童经验的处置

本节提要：

教材研制涉及很多方面，本套教材着眼于克服直接德育课程和德育教材与儿童生活脱离的问题，我们一方面融合叙事伦理学与理论伦理学的优势，革新德育课程和教材的伦理基础；另一方面重新审视儿童经验的意义、作用，重新绽放儿童经验在德育中的价值，重铸教材的儿童经验观，让教材能够真正借助“儿童经验”这一“楼梯”，突破德育教材“儿童化”的难题。那么，教材是如何“接上童气”的呢？

在小学《道德与法治》统编教材中，教材编写者将儿童的自在经验转换为“一个经验”，用于唤醒成串的儿童经验；用经验的表达实现儿童经验的重构；用体验实现儿童经验的提升；用“他人经验”与儿童经验的对流互动，实现个人经验与社会文化价值的接续。这些对儿童经验的处理方式，旨在使教材能够真正“入伙”儿童，成为儿童生活的伙伴，进而使儿童也能真正“入伙”教材，成为教材价值观的体现者、建构者和维护者。

德育课程与教材作为专门化的道德教育形态，一个最难以克服的困难就是课程、教材与儿童生活的关系问题。对儿童来说，他们的生活就是他们的经验，就是他们与环境的互动过程及结果。也就是说，专门的德育课程、教材与儿童整体生活的“落差”其实也就是与儿童经验的“落差”。处理不好这一“落差”，德育课程与教材就只能“讲述”杜威所说的不能影响儿童心性与行为的“关于道德的观念”[1]。“关于道德的观念”之所以对儿童没有作用，就在于这些观念不是建立在儿童经验之上，与儿童经验缺乏有机联系，套用流行的“不接地气”的说法，就是“不接童气”。

一、“不接童气”的德育教材

在新课程改革之前，德育教材经过几十年的实践也在改变，也有“儿童化”的努力。但客观来说，这种努力基本上还是停留在教材的表现形式上，即竭力将生硬的内容用“活泼可爱”的形式表现出来。比如加一些故事，用一些儿童化的语言方式，装点一些卡通图片，等等。这样做当然不是什么坏事，总比从里到外都是板着面孔的生硬说教好。但内容没有“软化”，只有表面的“涂脂抹粉”，其实还是治标不治本。

这样的教材里没有儿童经验，只有道德要求、不同领域的知识、论证说理结构等其他东西。作为德育教材，道德要求当然是必不可少

[1] 杜威．学校与社会·明日之学校［M］．赵祥麟，等，译．北京：人民教育出版社，1994：142-143．

的。诸如诚实守信、孝亲敬长、团结同学、爱护公物、遵守公共秩序、热爱集体、热爱祖国等道德与社会要求既是教材单元、课的题目，也是组织教材内容的主导线索。不少专业研究人员把这种道德要求主导的教材称为“德目主义”（道德要求的条目至上）教材。道德要求（德目）是明确的，其教育与落实的方式也是清楚的，即“摆事实、讲道理”，对这些道德要求进行说理论证。如关于“孝敬父母”的教育，就是沿着“什么是孝敬父母”“为什么要孝敬父母”“如何孝敬父母”这样的论说逻辑展开的。在论说过程中，为了达到“劝说”的目的，除了知识与道理，教材也会选用关于孝敬的典型事例，甚至是青少年儿童自身的事例。他人的事例，包括青少年自身的事例，是一种经验形态，甚至这些德目本身，包括对这些德目的论证逻辑，也是人类历史经验的凝结。但是，这些经验不是使用教材的儿童的经验，这些“异己经验”如果不能与使用教材的儿童经验发生连接，那么它们依然还是异己的。

随着德育课程的综合化，德育教材还涉及心理教育、法律教育、国情教育等内容。这些内容比来自道德要求方面的内容更加知识化，关于“什么”“为什么”“如何”的论述结构也更加明晰，而与儿童自身经验的关联性就显得更弱。

德育教材的内容很多、很丰富，但里面就是缺乏儿童的生活和经验。儿童对自身、对伙伴、对他人、对社区、对国家、对世界的经验与理解在教材里没有体现，它们被知识化、理论化、系统化的教材丢弃了。教材犹如一扇门，在这扇门里只有成人社会和国家所要给予他们的内容，而他们自身的生活与经验则被严肃、正规、理论化的教材关在了门外。德育教材里的这些内容当然是有意义的，问题是儿童如何才能理解、习得它们。阿甘本借用蒂克（Tieck）所写的《生活的奢侈》中的意象，将儿童经验比喻为到达学科知识的“楼梯”。小说中的情侣断绝了与外界的联系，最后把作为自己房间与外界唯一联系通道的楼梯也拆掉生火了[1]。儿童经验不能进入学校和教材之中，犹如那个连接房间的楼梯一样被烧掉了。

德育教材是为儿童编制的，是为儿童的思想道德发展服务的，如果忽视儿童经验，这在道德上也是说不过去的。既然是为儿童服务的，就要弄清楚儿童的需要。而儿童的需要不在别处，正是在他们的生活和经验里。儿童的各种需要正是产生于他们自己个人成长经验生成的过程之中。没有对儿童经验的关注，就没有对儿童需要的了解与满足。作为德育教材，对学习对象的尊重是起码的要求。排斥儿童经验，不顾他们的需要，实际上连尊重儿童这一起码的要求都没有做到。教材按照成人社会的要求选择教育主题和内容，按照成人喜欢并习惯的说理结构呈现内容，体现出来的不仅是“成人主义”倾向，而且是成人的傲慢与专横。

从教育的角度看，这样的处理也不妥当。第一，道德教育是德育课程的核心任务，但道德是经验事务，诚如杜威所说，在社会、政治和道德事务不存在普遍性和必然性的情况下，经验知识是唯一可能的

---

[1] 阿甘本．幼年与历史：经验的毁灭［M］．尹星，译．开封：河南大学出版社，2011：4．

知识[1]。我们将属于经验的道德处理成科学知识，本身就是对道德的扭曲。不是按道德的本性编写教材、预设教学，其教育效果也就可想而知了。第二，儿童的道德成长是基于自身经验的，是在自身经验的基础上经由成人的引导而得到发展的。如果说外在引导是“阳光雨露”，那么儿童自身经验就是根基性的力量。忽视儿童自身经验，忽视儿童道德成长的自身力量，“阳光雨露”实际上也就失去了附着本体，失去了借以发生作用的媒介。如前所论，我们“烧掉了儿童经验的楼梯”，斩断了儿童自身力量与教育力量的交互基础，怎么还能渴望我们的教育发挥作用，渴望儿童获得我们期望的道德发展？第三，儿童的发展需要教育引导，需要教材和教学的指导。问题是如何指导，“指导并不是从外部强加的，指导就是把生活过程解放出来，使它最充分地实现自己”[2]。如果教材想要对儿童的思想道德发展起到指导作用，就必须深入儿童经验之中，用儿童经验来引导儿童，这样的指导才是真正有意义、有效果的。如果指导只是停留在儿童经验之外发号施令，那么这种指导就只有强制的力量，而没有教育的力量。第四，由于这种知识化、劝说性、系统性的教材与儿童经验没有直接关联，儿童又是被迫学习、接受的，这对儿童来说，教材就成了一种异己的、压迫性的力量。阿甘本发现，“当人类丧失了实际经验，屈从于某种经验形式的强制，像实验室里成群的老鼠一样被控制和操

[1] 杜威. 杜威全集·晚期著作：第十一卷［M］. 朱志方，等，译. 上海：华东师范大学出版社，2015：53.
[2] 杜威. 学校与社会·明日之学校［M］. 赵祥麟，等，译. 北京：人民教育出版社，1994：124.

纵——换句话说，当唯一可能的经验就是恐惧或谎言时——那么，对经验的抵制就暂时体现为合理的防卫”[1]。当教材中没有学生的经验和所思所想，但他们又不得不接受教材时，对教材的抵制就是学生的一种防卫。

二、为什么会“烧掉楼梯”？

德育教材的理念与性质不是一个孤立的问题，教材特性的形成，是多种因素综合作用的结果。

第一，当代学校教育来自西方，有古希腊文化根源。在古希腊哲学中，知识与经验是对立的。柏拉图笔下的苏格拉底将“意见”视为经验的顶峰，认为经验永远达不到知识的高度[2]。亚里士多德也认为经验只知道特殊，无法把握普遍[3]。根据杜威的归纳，古典哲学认为经验存在三大缺陷，即与科学、真理的对立；局限于实践、现实，与理性的自由之间的对立；仅限于现象界，无法达到最终实在[4]。虽然近代经验主义哲学力图为经验恢复名义，认为与理性、客观知识的抽象和冰冷相比，经验具有直接、鲜活的特点，带着个性、体温，但这终究不是主流，声音微弱。随着现代科学所取得的成功，知识在学校

[1] 阿甘本. 幼年与历史：经验的毁灭[M]. 尹星，译. 开封：河南大学出版社，2011：5.
[2] 柏拉图. 柏拉图对话集[M]. 王太庆，译. 北京：商务印书馆，2004：202.
[3] 亚里士多德. 形而上学[M]. 苗力田，译. 北京：中国人民大学出版社，2003：2.
[4] 杜威. 杜威全集·晚期著作：第十一卷[M]. 朱志方，等，译. 上海：华东师范大学出版社，2015：55.

教育中的压倒性优势更加牢固。不仅经验性的内容被学校教育所排斥，而且那些与经验有所关联的学科也受了经验的牵连，也因不能“科学化”而被弄得灰头土脸。基于生存自觉，本来与经验无法切断联系的学科领域，也开始主动与经验切割，竭尽全力走上科学化的道路。

第二，经验与生活一体，是存在性的。而知识、科学则与认识是一体的，认识是获得知识的途径。学校摆出的姿态不是带领儿童一起生活、经验，而是带领儿童去认识世界。认识与生活、经验截然不同。在生活、经验中，事物不能与人相分离而存在，而在认识中，事物成了对象，必须与人分离；在经验中，事物与人融为一体，人对事物的把握是直接的、整体性的，而认识则是基于与事物的分离，对事物的把握是间接的、分解性的；经验追求的不是结果，而是意义的不断生成，认识追求的则是确定性、规律性。认识性的学校引导学生将自身与世界分离，对世界进行间接和解析性地把握，追求客观规律与确定性的知识，而与人及其经验相关的内容，包括人的感受、情感、德性、习惯，不但没有受到关注，反而因为有碍于对世界的认识而变成了需要摆脱的负担。

学校对受教育者的定位也是认识性的，即学校所培养的是知识主体，而不是道德主体。学校是认识性机构，其全部使命就在于带领学生认识世界和掌握知识。其努力的目标，即所要培养的人，与学校的认识性风格一脉相承，也是认识性的，是知识主体。所谓知识主体，就是以认识性的思维看待世界和掌握客观知识的人。这样的人，“视觉”高度发达，会将世界对象化，以旁观者的姿态看待世界，世界在他们眼里是客观的、资源性的、工具性的存在。当代学校虽然没有明目张胆地放弃道德教育，但实际上已经不再以培养道德主体为自己的关键使命。人作为道德主体会关注自我和自身的经验与情感，不是以旁观者的姿态“看”世界，而是与世界融为一体，用身心、生命去体验世界。按照福柯的理论，主体是用关心构成的，由于存在不同的关心，就有不同形式的主体[1]。学校培养的是对自身认识能力的关心，而不是对自身存在、自身生活与经验的关心，那么这种关心下的主体自然就是知识主体，而不是道德主体。

第三，道德教育的认知化、知识化。在强调科学化、认识化的学校里，道德教育虽然一息尚存，但早已按照科学化、知识化的要求改头换面了。道德本来与人的存在和生活是一体的，现在却从生活中被剥离出来，变成了一个对象化、认知性、知识性的东西，需要人的认识去把握。笔者曾将现代德育的特性概括为“知性德育”，即知识德育、思维德育和整体教育的知性化[2]。所谓知识德育，就是把道德当作知识来学、来教，道德教育变成了道德知识的传授与接受。所谓思维德育，就是把道德转换为道德认知能力，道德教育变成了道德认知能力的培养。由于道德教育与整体教育相关，整体教育的德性与精神本身就是一种道德教育，现代教育的科学化、认识化实际上也是一种

[1] 杨大春．身体经验与自我关怀——米歇尔·福柯的生存哲学研究［J］．浙江大学学报（人文社会科学版），2000(4)：116-123．

[2] 高德胜．知性德育及其超越——现代德育困境研究［M］．北京：教育科学出版社，2003：摘要Ⅰ-Ⅱ．

知性化的德育。知识德育在开设专门德育课程的国家比较普遍，而思维德育在以美国为代表的发达国家比较突出。科尔伯格虽然并不否认情感在道德发展中的作用，但他只研究道德认知的发展，客观上“迎合”了西方现代学校将道德与道德教育科学化、认知化的倾向。至于整体教育的知性化，这是现代教育的普遍特征，也是当今学校的普遍趋势。

第四，德育教材“不接童气”与教材观（人们对教材的理解与定位）密切相关。在认识化的学校背景下，教材就是各个学科科学发现的“浓缩”，教学用最有效的方式引导学习者进入每个科学知识领域。在这种背景下，教材开发者、使用者对教材的一个“自然而然”的定位就是“知识载体”。科学知识体系是一回事，对科学知识的学与教则是另外一回事，前者是知识与真理问题，后者是教育问题，两者不能混同。知识体系的严密、科学并不意味着在学习与教育上的可行与正确。“知识载体”式的教材观，其错误就在于将教育问题混同于科学和知识问题。早在一百多年前，杜威就看到了这一问题，认为“知识载体”式教材的最大谬误就是教材没有转化为儿童的生活，而是用知识去替代儿童生活。结果是教材变成了单纯的形式与符号，与儿童经验失去了联系；儿童缺乏对教材内容学习的动机；儿童的生活与逻辑被压抑，经验得不到生长，他们只能被迫去过一种拔根的课堂生活[1]。在这种整体性教材观的支配下，德育教材以“知识载体”的面

[1] 杜威．学校与社会·明日之学校［M］．赵祥麟，等，译．北京：人民教育出版社，1994：122-134．

貌出现。只不过德育教材所“载”的知识不是科学知识，而是“道德知识”。如果说“知识载体”式的教材观，对知识学科的危害小一些，那么对德育学科的危害则更大。这是因为：道德本身就不是知识，将道德知识化是违背道德的；将道德教育变成道德知识的传授与记忆，更是一错再错。

第五，缺乏启发性的灌输依然存在着，人们有时易将德育教材当作缺乏启发性的权威文本。

第六，与应试教育密切相关。在教育实践中，无论怎样强调德育，都比不上考试的方式有效。如果有考试，德育课地位即使再差，也能得到课时的保证。这可以由德育课在中小学的实际遭遇得到有力印证。由于小学德育课不考试，相当多的小学根本不上德育课；中考要考“政治”（德育课在学校的通行名称），所以初中德育课还是有课时保证的。这导致了更深层的问题：由应试和功利加持的德育课重视的只是道德与社会科学知识的记忆、复述，至于学生的品德是否得到了发展，则因无关宏旨而被弃之不顾。为了满足考试的需要，将知识明晰化、条理化，以便找到知识点而利于备考，就顺理成章地成了德育教材的基本风格。

三、“一个经验”与儿童经验的唤醒

当代学校的认识性姿态对知识主体的痴迷、道德教育的知性化、“知识载体”式的教材观等问题的改变与转型不是一朝一夕的事。德育教材不要坐等，而要积极作为，改在前面，用小环节的改变去牵动教育整体性的变革。作为“后发国家”，我国在诸多领域可以参考发达国家的经验，教育领域也是如此。但在德育课程与教材上，我们与西方国家走的是不同的道路，没有现成的经验可资参考。囿于直接德育课程在教育效果上的无力这一判断，欧美多数国家没有专门的德育课程，只有“社会探究”这类社会性课程，这么做其实问题也并不小。这种处理方式预设“处处是德育”，但在知识化、功利化的现实中却是“哪里都没有德育”，道德教育被制度化地消音了。如果我们通过探索，解决了直接德育课程、教材所固有的问题，就是对德育课程作出了巨大贡献。新课程改革为德育课程与教材的改革探索提供了一个难得的机会，《义务教育品德与生活课程标准（2011年版）》《义务教育品德与社会课程标准（2011年版）》以“回归儿童生活”为核心理念，可以说为中国德育课程开创了一条新的道路，一条生活化的道路。“回归儿童生活”这一课程理念，其实就是努力去“接童气”。在这次小学《道德与法治》统编教材的开发过程中，我们又对此进行了新的探索，努力使“接童气”的理念得到延续和发扬。

在杜威看来，经验是“做”（doing）和“受”（undergoing）的统一过程。对环境采取行动就是“做”，环境对这一行动的反应及我们对这一反应的意识就是“受”，经验处于“做”与“受”之间，是“做”与“受”的紧密关联[1]。汉语中的经验由“经”与“验”两个字组成，“经”就是经历，“验”就是有所感受、有所反应、有所意识。对照起来，“经”就是杜威所说的“做”，“验”就是杜威所说的

[1] 刘放桐．杜威的经验概念重释［J］．江海学刊，2013（1）：14-22．

“受”。其中，有两个问题需要澄清。

第一，“做”是“经”的一种方式，问题是“做”就是所有的“经”吗？或者说，“经”只有“做”这一种方式吗？例如，在生活中，我们“见”到很多事情的发生，但这些事情不是我们“做”的，但即便如此，这种旁观性的“见”也会对我们有所影响，也具有经验性，这就是所谓“见多识广”。再如，我们会“想”到很多事情，可事情并没有发生，也就根本谈不上“做”，但这种“想”，积累起来也有经验性，也会对我们应对环境有参考意义。

第二，有“经”一定有“验”吗？即使用杜威的说法，依然有一个问题可以问：有“做”一定有“受”吗？也许客观上“做”与“受”是一体的，我们对环境做出一个动作，环境一定会给我们一个反作用。但问题是，我们不一定能够感受到环境的反作用。是否感受得到，既与环境的反作用力的大小、方式相关，也与主体当时的状态相关。当然，即使我们没有感受到，环境的反作用力已经对我们产生了作用，我们在客观上可以说是“承受”了。从“经”和“验”的角度看，两者“脱节”而非成对出现的可能性更大，因为“验”的要求更高，不但要有所感受，还要有所意识和反应。在生活中，我们“经”（做、见、想）的事情远远多于“验”的事情，我们对太多的事情是“经”而不“验”。

不少论者对经验作严格意义上的理解，只把“做”作为“经”的方式，不把“见”“想”作为“经”的方式；有“经”无“受”、无“验”不是经验，只有既“经”且“受”或“验”，才算经验的完成，才算是经验。这样严格的经验界定显然不符合日常事实。实际上，我们在生活中既通过“做”，也通过“见”与“想”经历事情。在我们所“经”的事情当中，有相当大的比例没有“受”或“验”。通过多种方式去“经”，有“经”不一定有“受”或“验”，这实际上符合经验的生生不息之特征。这种生生不息、连绵不断的经验之流，呈现出自在性，是与人融为一体的非对象化存在。我们的经验虽然有相当一部分未经我们有意识的“受”与“验”，但在时机到来的时候，到了需要的时刻，这些沉睡的经验就可能被唤醒、被激活而发生作用。

从学习的角度看，通过这种自在经验而进行的学习是一种“无意识学习”，即通过“经”，我们没有意识到自己在学习，但学习已经悄无声息地发生了。我们总是将学习理解为有意识学习，但实际上无意识学习也是学习，其意义也不容忽视。第一，无意识学习有一个有意识学习所没有的优势，即它可以进入人的无意识层面，在这个意义上，无意识学习就是一种有意识学习无法达到的“深度学习”。第二，自在经验犹如土壤，是有意识学习得以生长的沃土。有意识学习如果以自在经验为起点，就获得了丰厚的积淀，就会更加有效和顺畅。第三，自在经验是有意识学习的基础，我们通过一定的方式，可以将其唤醒，成为有意识学习的资源与支持性力量。第四，被唤醒的自在经验，可以进入有意识学习之中，摆脱自在状态，发挥出显在的作用。

从儿童的角度看，儿童的经验在“经”的方面以“做”为主，因为儿童是积极存在的生命，很多事情都愿意去尝试，当然也包括“见”与“想”。在“受”与“验”的方面，儿童不是没有感受，而更多的是没被唤醒。也就是说，儿童的经验更加呈现出连绵不断、生生不息的特征，是“经验流”。儿童自在的经验自在地发挥着作用，而教育是自觉性活动，就是要促使自在的经验走向自觉，使自在的经验发挥出更大的作用。那么，如何唤醒自在的经验，使其从自在状态走向自觉状态呢？一个简单的做法就是使流淌的经验转化为“一个经验”，即一个有头有尾、可以进行对象化思考和表达出来的经验[1]。与自在经验的流淌性、自在性不同，“一个经验”是指对象化的经验，就是我们将其从经验流中截取出来“察看”的经验。正因为要察看，所以它必须有一个开头和一个结尾。这个有头有尾的经验，当我们对其进行审察时，它已经是过去时，是来自过去的经验，而且其意义已不在自身和现在，而在自身之外和将来。这是可以得到表达的经验，即经验主体可以用语言或其他辅助方式表达出来。

如何将儿童的自在经验转换为“一个经验”呢？我们在教材编写中采取的策略是以“生活事件”作为教材的基本素材。所谓生活事件，就是在一定时间内发生的事态，就是被选择的“一个经验”。比如，在理解父母这个教育主题下，教材里有这样一个生活事件：“为了让我减体重，爸爸每天和我一起步行到学校，我好累呀！”[2]这是从儿童与父亲相处的流淌性的经验中抽取出来的一个经验，正是这个经验在教材中的呈现，使得诸多流淌性的、鲜有进入儿童有意识层面

[1] TURNER V W, BRUNER E M. The Anthropology of Experience[M]. Urbana And Chicago: University of Illinois Press, 1986: 6.

[2] 中华人民共和国教育部. 义务教育教科书道德与法治：三年级上册[M]. 北京：人民教育出版社，2018: 69.

的与父母相处的经验，一下子被唤醒了，成了反思、回味、再理解的对象，那些自在的经验由此变为成串的“一个经验”。

如前所论，自在的经验虽然意义不凡，但要使其进入自觉层面，以更好地发挥其在儿童成长中的作用，我们还需要运用特定的手段去唤醒和激活它。自在的经验具有不可描述性，不能进入教材。我们用生活事件，用“一个经验”作为“酵素”，去激活儿童自在的经验，使自在的经验进入自觉的层面。在这一过程中，作为生活事件的“一个经验”本身具有道德教育意义，因为这些生活事件本身都是伦理叙事，本身都含有道德教育性[1]。但这只是生活事件的一个功能，生活事件的另一个功能则是唤醒、激活儿童自在的经验，使他们的经验从时间之流中脱颖而出，变成经过“受”或“验”的完整经验，使过去经验与当下经验、未来经验联系起来，成为现在与未来生活的参考。在这样的策略下，教材不再是与儿童经验无关的理论体系，而是通过“一个经验”与儿童经验连接在一起的伙伴，教材也因此“接上了童气”。

四、“表达”与经验之重构

生活事件作为“一个经验”，总体上说是教材编写者精挑细选的他人经验，其主要功能在于激活使用教材的儿童的自在经验。在这个意义上，我们可以说生活事件是“经验酵素”，在课堂上一经释放，

[1] 高德胜．叙事伦理学与生活事件：解决德育教材困境的尝试［J］．全球教育展望，2017(8)：56-66．

学习者的自在经验就被唤醒、激活。生活事件之所以具有这种神奇的功能，在于其作为“一个经验”表面上看是他人的，但实质上又是儿童“自己的”。生活事件来自儿童的普遍生活，是包括自己在内的同龄人的遭遇，是儿童自己的所思、所想、所感、所惑、所悟，对学习者来说没有任何陌生感、异己感。正是生活事件的熟悉感、亲切感，让学习者感到“我也有这样的经历”“我也有这样的想法”“我也有这样的困惑”，所以自在经验借此心理过程被激活而进入课堂。

当然，自在经验的唤醒与激活只是第一步。自在经验被激活之后，如果能够表达出来，则是进入另一个阶段的表现。经验与表达有着多重性的联系。

第一，不是所有经验都能得到表达。以表达为标准，经验分为可以表达的经验和不可以表达的经验。从这个角度看，经验大于表达，确实有很多只可意会而不可“言传”“身传”的经验。对不可表达的经验，当然不能强求表达。但是，即使是不可表达的经验，也是可以被激活的。不可表达的经验被激活之后，进入意识，经过意会获得了意义，成为后续经验生长的基础。在教材中，我们设置了不少美文和表达内心活动的内容，就是让学生通过它们来意会那些不可表达、不好表达的经验。

第二，人有表达经验的冲动。一方面，人是社会性存在，有分享经验的倾向，分享的前提是表达，经验只有被表达出来，才能被他人所知道、所理解、所分享；另一方面，人有反思能力，有将经验条理化的倾向，而表达就是对经验的条理化处理。

第三，可表达的经验一经表达，就被表达所重构。儿童要表达“一个经验”，就要将该经验从经验流中凸显出来，使之对象化，使之有头有尾，这一过程其实也是对经验的组织与建构过程。经过表达的经验，不但是被唤醒的，还是经过组织与加工的，完成了由自在到“自为”的飞跃。

第四，表达建构经验，经验也建构表达。表达以经验为基础，表达是对经验的表达，没有经验，也就没有表达。

如前所论，作为“一个经验”的生活事件来自教材编写者对儿童普遍经验的精选与加工，它除了具有激活学习者自身经验的功能，也在为儿童表达自身经验树立范本，这其中隐含着对经验表达的方法引导。当然，仅靠生活事件这种隐含性的引导还不够，教材为了激发儿童表达自己的经验，还设计了多种方式。

第一种方式是在经验表达范例之后的提问，即通过提问转向儿童的经验，促使儿童表达自身经验。如在呈现“王栋克服困难学会骑车”这一经验范例之后，教材紧接着通过提问转向学习者自身的经验：“王栋学骑车的故事，带给我们什么启示？你有过战胜困难的经历吗？与大家分享一下。”[1]学习者以这一问题为桥梁，由他人经验过渡到自身经验，由他人经验的表达转向自身经验的表达，即表达出自己战胜困难的经历。

第二种方式是为儿童的经验表达留有空间。过去的教材总是被编

[1] 中华人民共和国教育部．义务教育教科书道德与法治：三年级上册［M］．北京：人民教育出版社，2018：12．

写者预设的内容所填满。新的教材几乎在每一个页面都留有实际或隐含的空白，明确“告诉”学生，这些空白要由他们自身经验的表达来填充。

第三种方式是将自身经验的表达与对他人经验的看法结合起来。对自身经验的表达是经验的组织与加工，对他人经验的评价则包含着对他人经验的理解与再经验。通过类似环节的设计，我们力求使学生自己的经验与他人的经验发生连接，让学生不仅从自身经验中学习，还从他人经验中借鉴，综合促进自身经验的生长。

第四种方式是经验表达形式力求多样化。毫无疑问，表达的主导形式是语言。因此，我们在教材设计中所预设的经验表达方式主要是语言形式的，既有口头表达，也有书面表达，以口头表达居多，因为口头表达便于课堂交流和经验间的互动。对于图像性的经验，学生可以用语言来表达，也可以用图画来表达，教材中就有不少借用形象化方式来表达经验的设计。经验也可以通过动作来表达，儿童有做某事的经验，在教室里复原做事过程，就是最直观的经验表达方式。对于具有复杂情境的经验，单靠语言表达不足以表现，还需借助模拟与表演的方式来表达。

经过表达的经验获得了未经表达的经验所没有的意义。

第一，表达是对经验的组织与加工，经过表达的经验实际上就是经过重构的经验。通过表达，经验得到了确认、加工与重构，这一过程也就是经验生长的过程。经过表达，经验得到了生长，也为后续经验的获得奠定了基础。如果说自在的经验对人的成长只是具有潜在意义，那么经过表达的经验对人的成长则已经具有了实在的意义。因为自在的经验虽然是有意义的，但主体还无法对其进行自如地支配，什么时候起作用，不取决于人的意志，而取决于时机。经过表达加工过的经验已经克服了自在经验的不可支配性，转化为主体可以用意识进行支配的经验，成为获取后续经验的预备性力量。

第二，表达还具有加深自我理解、自我认识的功能。儿童在生活中已获取了这样或那样的经验，但他们没有意识到。因此，儿童通过经验的表达能够检验自己的真实状态，即有什么、没有什么，知道什么、不知道什么，理解什么、不理解什么。经验表达的过程，其实也是一个自我检验的过程。

第三，未经表达的经验还是个人的，经过表达的经验则是人际的。在独处时，我们往往不用表达来加工经验，而是通过回味、反思等方式来重构经验。表达多发生在人际间，意味着表达具有与他人沟通、使他人理解的倾向。表达以对自我经验的理解为基础，同时力求得到他人的理解。一个儿童通过表达来建构自己的经验，其他儿童则通过“这个儿童”的表达“再经验他的经验”，理解他的经验。反过来也是一样，“这个儿童”也是通过其他儿童的表达来“再经验其他儿童的经验”。也就是说，经验经过表达，由个人的经验走向人际，进而具有了对话性、理解性和共享性。

第四，经验表达所孕育的对他人经验的理解、共享，为儿童学习社会经验以及将社会经验转化为自身经验奠定了基础。课程与教材不能撇开儿童经验，但又不能仅限于儿童经验，在儿童经验的基础上还要有社会经验甚至是人类经验的融入。这里问题的关键不在于社会经验、人类经验本身，而在于儿童经验与社会经验、人类经验之间的接续。没有经验间的接续，在教材中生硬地植入社会经验、人类经验，就变成了异己的内容，不为儿童所理解和接受。通过经验表达而学习到的将他人经验再经验化的理解能力，就是儿童经验与社会经验、人类经验之间的接续力量，它为儿童扩展自我经验、理解社会经验和人类经验进行了“彩排”。

五、从经验到体验

汉语中的体验由“体”和“验”两个字组成。先看这里的“体”所指为何。“体”首先指身体，通过身体可以获得“验”。如何才能通过身体来获得“验”呢？当然是做。“做”离不开身体，离不开手脚，这是“做”与“想”的区别。“想”要借助想象、概念来进行，“做”则不行，“做”中可以有“想”，但必须借助手脚。另外，“做”必须是自己的，他人不能代替，“做”就意味着亲身性。由此看来，体验之“体”的第一层含义就是“亲身做”。在汉语中，“体”还与“全体”“总体”“本体”“全局”密切相关，那么体验之“体”就是作为人的“全体”“总体”，而体验就是作为整体的人所获得的“验”。作为身体的“体”与作为整体的“体”看似不同，实则相通。我们的思想可以超越身体而存在，但我们的生命却无法与身体剥离，在这个意义上，身体其实也就意味着生命全体。由此出发，“亲身做”其实不是身体在“做”，而是包含着思想、情感的生命整体在“做”。再看体验中的“验”所指为何。如前所论，经验中的“验”指有所感受、有所反应、有所意识。从宽泛的意义上说，这种“验”也可以算作体验。但在严格意义上，体验之“验”是意义的获得、情感的升华，要高于经验之“验”。我们从亲身做中获得的意义与情感，是生命的果实，用伽达默尔的话说，就是“意指某种不可忘却、不可替代的东西”[1]。将“体”和“验”连接起来，体验就是通过亲身做而获得意义、升华情感的过程。

英文experience，既指经验，又指体验。有人将名词experience翻译成经验，将其动词形式experiencing翻译成体验。伽达默尔考证发现，体验在德语中直到19世纪70年代才成为与“经历”相区别的惯用词，18世纪的德语中根本就没有体验这个词[2]。由此看来，体验与经验既密切关联，又有所不同。

第一，从宽泛的意义上看，体验是经验之一种，或者说体验是经验的一种特殊形式。如前所论，经验中的“经”既可以是“做”，也可以是“看”（见闻）；体验则只来自“做”，是通过“亲身做”而获得的经验，不是通过见闻获得的经验。来自见闻的经验，虽然不是体验，但可以成为体验的基础。我们通过见闻获得了一定的经验，再亲身做的时候，更容易获得切身的体验。

第二，经验有自在形式，而体验则都是意识性的，且伴随着情

[1] 伽达默尔．真理与方法——哲学诠释学的基本特征：上卷［M］．洪汉鼎，译．上海：上海译文出版社，1999：86．
[2] 伽达默尔．真理与方法——哲学诠释学的基本特征：上卷［M］．洪汉鼎，译．上海：上海译文出版社，1999：77．

感。也就是说，经验可以是“经验到”的，也可以是经验而不自知的，但体验一定是“体验到”的。

第三，日常生活中的经验与教训相对，这里的经验显然是有意识经验，而不是自在经验。与教训相对的有意识经验，经过理性加工，上升到知识或类似于知识。体验也是经验的上升，但走的却是不同的方向，它不是走向知识，而是走向意义和情感。关于这一点，文学对经验的理解很有启发意义，“体验是经验中的一种特殊形态。可以这样说，体验是经验中见出深义、诗意与个性色彩的那一种形态”[1]。比如，我们做出一个助人举动，获得的不是知识，而是道德意义与个人情感的升华。

如上所论，体验有两个核心要点：一是亲身做，二是意义获得与情感升华。从体验的核心要点来看，从经验到体验，或者说从一般经验到体验形式的经验，是经验的跃升。这一跃升表现在两个方面：一个是将见闻性的（间接性）、自在性的经验用亲身做的方式验证，完成了从间接到直接、由自在到自为的跃升；另一个是从经验中见出意义、体会出情感，完成了从一般意义上的感受到意义获得、情感升华的跃升。通过这两个方面的跃升，经验已经“脱胎换骨”，面貌一新，成为人之品性与人格的一部分，而且是主观努力所获得的那一部分。在经验跃升的意义上，体验与表达一样，都是经验重构的方式。只不过表达的重构侧重经验的条理性，而体验的重构则侧重经验的意义

[1] 童庆炳. 经验、体验与文学[J]. 北京师范大学学报（人文社会科学版），2000(1): 92-99.

性、情感性。无论是表达还是体验，经验已不再是原来的经验，而是新的、上了一个台阶的经验。

基于对体验本性及体验与经验关系的理解，我们在教材编写中有意识地设计了从经验到体验转换的环节。如前所论，“亲身做”是体验的核心要点之一，教材抓住体验的这一特点，以“活动园”的方式为儿童创设“亲身做”的广阔空间。“活动园”是教材主导性的栏目，数量、种类最多，为了节省版面，诸多本来属于“活动园”这一栏目的内容，直接与正文连接在一起，而不再用“活动园”这一栏目来标识。归在“活动园”栏目下的活动，既包括班级内的现场活动，也包括课外社会学习活动；班级内的现场活动，既可以是小组、全班性的群体活动，也可以是指向个人的个体活动[1]。所有这些活动，无论是何种类型，都有一个基本特性，即都需要儿童亲身去做。这样设计的初衷在于，道德与社会性学习，不是由教师的“告诉”就能实现的，而是学习者必须通过亲身做去获得切身的经验（体验）。当然，所有“活动园”内的具有亲身做性质的活动都不是孤立的，而是以儿童已有经验为基础的。来自儿童经验的“活动园”，不是对儿童已有经验的重复，而是通过亲身做，既体验现时的“做”，也对过去经验进行再体验。

如果通过“亲身做”而没有获得意义，没有体会到情感，那么这种“亲身做”只不过还是一种普通的经验方式。为了使“活动园”中

---

[1] 高德胜. 以学习活动为核心建构小学《道德与法治》教材［J］. 中国教育学刊，2018(1)：20-27.

的“亲身做”真正达到体验的程度，教材中每一个活动之前或之后都有由“做”而走向“验”的“阶梯性设计”。这些设计的目的是搭好阶梯，帮助儿童由“做”走向“验”，从活动中获取意义、体会情感。

活动之前的阶梯性设计有多种形式，第一种形式是情境创设，使儿童进入问题情境，带着问题去活动。为了让儿童体验自己可能在无意之中给父母增添了麻烦，教材中就有这样一个情境创设：“相信我们每个人都不想给父母添麻烦，只是有时候不能从父母的角度想问题，无意中给他们增添了麻烦……”[1]经过这样的提示，儿童就会带着验证自身经验的态度进入后续的情境活动之中。第二种形式是从儿童经验中抽取出来“一个经验”，这是每个儿童都熟悉的经验，但未经他们细细体味。这就需要通过活动来使同类经验得到儿童仔细体味，并从中获得意义。第三种形式是明示活动意图或倾向，让儿童带着目的与倾向去活动。比如，教材中有这样的提示：“假如让你当一名网络游戏设计师，你会设计哪些技术手段来避免网络游戏对青少年造成不良影响呢？请发挥你的想象力，画一画，说一说。”[2]这类提示的作用就在于指引儿童在活动中重点体会活动设计所指向的意图或倾向。

活动之后的阶梯性设计多是提示性的，包括回味性提示（对活动

[1] 中华人民共和国教育部．义务教育教科书道德与法治：四年级上册［M］．北京：人民教育出版社，2018：30．
[2] 中华人民共和国教育部．义务教育教科书道德与法治：四年级上册［M］．北京：人民教育出版社，2018：63．

过程的回味）、指向自身的提示（由活动体会该活动对自身的影响）、问题感受性提示（对活动所揭示问题的感受）、后果感悟性提示、代入式提示（将自身代入某一生活事件之中，站在生活事件主角的位置上进行体验）等。这些提示的目的在于体验的“验”，即搭建阶梯，帮助儿童通过活动理解经验的意义，获得情感上的升华。

六、个人经验与“他人经验”的接续

德育课程与教材要“接童气”，不是为了讨好儿童，而是为了儿童经验的生长。在儿童经验生长的过程中，“他人经验”是不可或缺的因素。实际上，个人经验也不可能离开“他人经验”孤立地生长。这里的“他人经验”，既指他人的个体经验，也包括同龄人群体的经验，更包括作为经验的社会文化。第一，经验具有文化性，我们在经验事物和表达经验的过程中，都处在社会文化环境之中，社会关系与社会文化是经验及其表达的背景。不仅如此，我们的经验及其表达，都离不开语言，而语言本身则是社会与文化性存在。第二，我们的经验虽然是我们的，但从他人那里得到回应、共鸣、确认是使经验意义确定与扩大的重要方式。如前所论，经验具有表达倾向，这种表达倾向指向的正是他人的回应。儿童在成长过程中，尤其需要在他人那里得到回应，可以说他人对自身经验的回应与共鸣是儿童经验得以茁壮成长的“养分”。第三，同龄人经验的交汇与共享是个人经验得以生长的必要条件。儿童经验不但要从具体的他人那里得到回应，也要从同龄人那里得到回应。从同龄人那里得到的回应，其效力往往大于从具体个人那里得到的回应，因为儿童会由此获得一种群体融入感，觉得个人经验已经上升为同龄群体的经验，并得到了同龄人的普遍认同。同时，同龄群体经验也更容易得到个人经验的回应，它既是唤醒个人经验的力量，又是滋养个人经验的力量。

儿童经验内含生长的力量，但希望“一个儿童从他自己小小的心灵发展到一个宇宙”[1]，这显然是不可能的。教育的作用就在于一方面激发、滋养儿童经验，使其得到生长；另一方面则以社会文化接续儿童经验，使社会文化进入儿童经验之中，使儿童经验生长到社会文化的高度，也使社会文化成果在儿童经验里得到分享。在这个意义上，教育就是个人经验与社会文化的对流交汇，经由教育，个人经验得到丰富生长，超越个人局限性，进入社会文化的层面；社会文化下探到个人经验之中，在个人经验里“开花结果”，实现自身的生长。由此出发，德育课程与教材里如果只有儿童经验，没有社会文化，即使不考虑社会文化的传承与发展，单从儿童经验的生长来看，也是成问题的。问题不在于要不要社会文化，而在于如何将个人经验与社会文化接续起来进而实现二者的对流交汇。

过去德育教材的问题就在于直接呈现系统化的社会文化知识，将儿童经验排斥在外，导致与儿童经验接续困难甚至无法接续。杜威对此早有洞察，指出作为科学的学科与作为教学的学科完全不同，前者代表学科知识与真理，而后者代表作为人类经验的一个阶段成果如何

[1] 杜威．学校与社会·明日之学校［M］．赵祥麟，等，译．北京：人民教育出版社，1994：125．

变成儿童经验之一部分，如何使科学知识与真理“心理化”。传统德育教材的问题就在于混淆了作为科学的学科与作为教学的学科，用前者代替后者，结果是课程与教材不能转化为儿童生活，与儿童经验无法实现接续[1]。可惜的是，杜威一百多年前所发现的问题，我们如今依然没有很好地解决。

我们在编写教材时有经验接续的自觉，力求使教材成为儿童经验与“他人经验”的“接续之桥”。“接续之桥”的定位，目的是摆脱过去德育教材孤悬于经验之外的境遇，尽力使教材成为儿童经验与“他人经验”对流交汇的桥梁。儿童经验之间的交流与分享在教材中占有重要位置。在“活动园”之外，教材中占据第二位的就是“交流园”栏目。当然，“交流园”不限于经验交流，也包括观点交流、思想分享活动。观点和思想虽然不同于经验，但都是以经验为基础的。对同一问题，不同的人有不同的经验，个人贡献出自己的经验，也可分享他人的经验，从他人的经验中获得启发。比如，“玩耍对我们来说是很重要的学习途径。说说自己在玩耍中学到了什么”[2]，就是关于玩耍经验的交流与分享。经验的交流与分享离不开表达，个人将自己的经验表达出来，他人通过个人的表达再经验“我的经验”。在此，如果个人经验能够得到共鸣，就唤醒了他人经验，从而使“我的经验”与“他人经验”实现交汇。反过来，他人经验在个人那里所引起的反

---

[1] 杜威．学校与社会·明日之学校［M］．赵祥麟，等，译．北京：人民教育出版社，1994：126-131．

[2] 中华人民共和国教育部．义务教育教科书道德与法治：三年级上册［M］．北京：人民教育出版社，2018：6．

应也是如此。学习者是同龄人，既千差万别，又有诸多共同之处。共同之处是实现经验交流的基础，能够使儿童之间心意相通，使彼此经验得到共鸣与确认；相异之处则激发儿童互相学习，创造出丰盈个人经验的契机。

如前所论，作为“一个经验”的生活事件，对学习者来说，既是他人经验，也是他们自身的经验。生活事件是编写者根据教育主题的需要而精选出来的，是经过加工改造过的经验，每个生活事件里都含有文化价值倾向和教育意图，对使用教材的儿童来说，当然是“他人经验”。但生活事件多来自儿童生活，反映的是同龄人生活的基本经验，学习者作为同龄群体的一员，这些经验当然也是他们所共有的，正是在这个意义上，教材中通过生活事件所表达的经验也是学习者“自己的经验”。生活事件所表达的经验，处在学习者个人经验与同龄人共有经验之间，借助学习者对这一经验的“自己感”，一方面促使个人经验上升到同龄人经验的层次；另一方面也方便同龄人经验“下探”到学习者个人经验中。学习者个人经验上升到生活事件所蕴含的同龄人经验，意味着个人经验接续上了教材所蕴含的文化价值倾向与教育意图；生活事件所蕴含的同龄人经验的下探，则意味着教材所蕴含的文化价值倾向与教育意图接续上了学习者的个人经验，意味着找到了教材中的知识内容与学习者经验相接续的途径与方法。

如上所论，同龄人经验在经验的接续中起着枢纽的作用。同龄人经验向下可以接续学习者个人经验，向上则可以接续社会文化经验。任何教材都有文化价值倾向及建立于这种倾向基础之上的教育意图。

但教材的文化价值倾向与教育意图不能直接给予，而应该找到接续儿童经验的途径与方法。我们在编写教材时，将文化价值倾向与教育意图蕴含在同龄人经验之中，通过同龄人经验这一桥梁，实现了社会文化经验的下探。而儿童的个人经验借助同龄人经验这一中介，则可上升到社会文化经验的层次。

当然，不经过同龄人经验这一中介，社会文化价值也可以与儿童经验发生直接联系。原因在于，社会文化价值是人性的反映，其中蕴含着作为人的基本经验与情感。儿童虽然尚未成人，但作为人，对人性中的美善一样可以感受。基于这种考虑，教材中的生活事件虽然多以学习者同龄人为主角，但也有以古今中外、不同时代成年人为主角的。这类生活事件虽然不是儿童经验的凝结，但因为包含着善美价值与情感，儿童自身的美善心性可以直接与之接续。如教材中设有“故事园”和“美文欣赏”等栏目。“故事园”侧重叙事，虽然讲述别人的故事，但故事中所蕴含的美善价值与学习者的美善心性相通。“美文欣赏”则侧重情感熏陶，借助与他人情感的共鸣来激发体验，用体验来升华学习者的情感。

结语：“入伙的教材”

波兰尼的一个洞见富有教育启发性，“各种级别的新手对言述经验的种种庞大体系的吸收只有通过预先入伙行为才能进行。通过这一行为，新手成了培育这种经验、欣赏其价值并努力按照其标准行事的共同体之学徒”[1]。按照波兰尼的经验之谈，教材的教育意图若要让学生吸收，就需学生“入伙”，使之加入教材体系之中，成为教材的拥护者和建构者，在建构教材的同时建构自身。

学习者如何才能“入伙”教材呢？如前所论，如果教材对儿童来说是异己的存在，那么儿童就会避之唯恐不及，根本不可能“入伙”。实际上，要想学习者“入伙”教材，教材必须放低身段，首先“入伙”儿童。关于这一点，杜威其实也早已洞悉：当教师不是学生团体的一员时，他只能从团体外部发号施令，“如若教育以经验为基础，教育经验被看作一种社会过程，这种情况就发生了彻底的改变。教师丧失了外部发号施令的命令者或独裁者的地位，而成为该团体活动的指导人”[2]。教师如此，教材又何尝不是如此呢？教材如果不“入伙”儿童，只能从外面发号施令，即使声高气壮，也难以得到儿童认可；如若“入伙”儿童，成为儿童的“自己人”，虽然不再发号施令，却能成为儿童成长的真正指导者。

我们在教材编写中“接童气”的努力就是一种“入伙”儿童的尝试，力求使教材汇入儿童经验，成为唤醒儿童经验、滋养儿童经验的力量，成为儿童经验得以表达和建构的空间，成为儿童经验经由体验得以提升的渠道，成为个人经验与“他人经验”的“接续之桥”。我们希望教材通过“入伙”儿童来实现儿童“入伙”教材，达至儿童与

---

[1] 波兰尼．个人知识——迈向后批判哲学［M］．许泽民，译．贵阳：贵州人民出版社，2000：319．

[2] 杜威．杜威全集·晚期著作：第十三卷［M］．冯平，等，译．上海：华东师范大学出版社，2015：55．

教材的相互“入伙”，解决德育教材与儿童经验相互隔离的痼疾，为德育教材开创出一条“中国道路”。

第三节
“模仿”生活：
德育教材生活化的实现

本节提要：

既然小学新德育教材确立了“回归生活”的根本理念，那么德育教材的编写如何“回归生活”呢？在编写方式上又有什么创新呢？

夸美纽斯编写了最早的生活化教材《世界图解》，但这种生活化教材只是简单地复制人类生活，并没有展现儿童生活的特殊性。为了突破生活化教材编写的难题，我们参照古典诗学理论，从根本上改变了过去德育教材的编写方式，力图将生活化的德育教材真正变成对儿童生活进行“模仿”的文本，从而展现儿童生活的特殊性。对此，小学《道德与法治》统编教材通过建构生活事件、制作文本“机关”、设计内在性活动等策略，构建起了小学新德育教材的编写方式，力图使德育教材能够真正回归儿童生活。

探索“以现代的方式传递道德经验和智慧”始终是现代德育理论与实践未曾完成的任务。尽管涂尔干、杜威等教育思想家早就对专门化的学校德育判了“死刑”，但对于世俗化的现代国家而言，舍此别无他途。进入21世纪后，我国学校德育的理论和实践都进入了新的探索阶段。其中，通过革新小学德育教材，德育研究者有了介入学校德育实践的契机，为我国学校德育实践探索出一条介于直接德育与间接德育之间的中间道路提供了可能[1]。这条以直接德育的“间接形态”为特色的中间道路，是以“回归生活”为理念的新型德育教材的存在为基础的。21世纪以来，第一批生活化德育教材确定了新的编写方向和理念，展现了一套基于儿童生活的德育教材的可能形态，积累了具有中国特色的德育教材的编写经验，为以后的生活化德育教材的编写提供了方向性、可操作性上的范式。随着这些生活化德育教材在课堂教学中的使用，教材存在的问题和不足也为新一轮德育教材的编写提供了宝贵的经验教训。

随着生活化德育教材编写活动的深入，编写一套名副其实的“回归生活”的德育教材的困难逐渐显露出来。教材作为静态的文本，如何模仿“儿童生活”这一动态存在呢？这显然是有困难的。正是在自觉处理和认真对待各种编写困难的基础上，小学《道德与法治》统编教材的编写方式有了突破。本节以诗学[2]的视角，以克服教材编写的困难为线索，展现小学《道德与法治》统编教材编写的文本策略。

---

[1] 高德胜．叙事伦理学与生活事件：解决德育教材困境的尝试［J］．全球教育展望，2017(8)：56-66.

[2] 本节所谈“诗学”主要依据的是西方古典诗学传统，尤其是亚里士多德所著《论诗》一书中的观点。亚里士多德认为“诗”乃是从人类全部生活中择取具有范例性意义的言行进行模仿，从而探索和展现人类生活的可能，净化人的情感，感悟生活，获得对生活有益的洞见。在此意义上，笔者认为教材编写的实质是“作诗”，通过模仿和再现儿童生活中的重要言行或生活事件，实现对儿童生活的引导。

一、生活化德育教材的编写方式：从“复制”到“模仿”

（一）夸美纽斯的《世界图解》：对生活的复制

探索生活化教材的编写方式贯穿整个现代学校教材编写史。夸美纽斯的《世界图解》是世界上第一本专为儿童编写的图文并茂的生活化教材。该教材通过对人类生活世界的主要事物和人类活动进行命名，并配以图画及相应的描述方式，率先向人们展现了一本生活化教材的可能性。这本教材用“图解”的方式，不仅图解了人类生活的可见部分，也以同样的方式处理人类生活的不可见部分[1]。如对自然世界、人类日常生活、社会生活以及人类精神生活的图解[2]。此教材俨然是一部“小型百科全书”。对此，皮特·门克指出，《世界图解》的实质乃是对现实的符号化再现，即通过正文、图片将人类日常生活、社会实践符号化[3]。以这种“文本化”的方式，夸美纽斯把人类生活世界复制在教材上，其内容与呈现形式都具有开创性。

夸美纽斯编写《世界图解》的方式颇有启发意义。夸美纽斯把人类生活分门别类地剪裁出来，置入教材的编写方式，犹如用一架高倍照相机把人类生活世界原样拍照下来，复制在教材上。儿童透过这本包罗万象的教材，就可以看到真实的缩小版的人类生活。夸美纽斯认

---

[1] 夸美纽斯对不可见的人类道德生活的编写，是通过图解西方经典的道德故事进行的。如对道德的图解，即是呈现赫拉克勒斯站在十字路口对天上和地上的阿芙洛狄忒进行选择的故事；对“正义”德性的图解是呈现蒙眼的正义女神手持天平和宝剑的图景。

[2] COMENIUS J A. The Project Gutenberg EBook of The Orbis Pictus [M/OL]. 2009.2017-09-20. http：//www.gutenberg.org/ebooks/28299.htm.

[3] MENCK PETER. The Formation of Conscience：a Lost Topic of Didaktik [J]. Curriculum Studies, 2001(3)：261-275.

为，通过这本教材“真实、充分、鲜明而牢固”的教导，儿童的粗野无知就可以被清除。他对教育的乐观掩盖了这种生活化教材编写方式未曾言明的前提假设，以及暗藏其中的编写困难。首先，夸美纽斯复制式的编写方式意味着编写者对编写对象即人类生活世界，拥有整全的认识及全部的真理，从而能够把生活的“真相”确定不移地通过文本呈现给儿童。其次，意味着儿童只要通过观看教材上的生活世界就等于正确地感知和认识了人类生活世界，并学会了如何过生活。最后，夸美纽斯的教材通过对事物命名、描述其功能的方式展现人类生活世界，并且以第三人称的方式展现人类生活世界。这种方式俨然把生活当作了学习和研究的对象。阅读这种教材的儿童仿佛是人类生活世界的旁观者，他们以超然的方式观看着人世间的表演。这种对人类生活世界的“旁观”，可以增加儿童的生活知识。但这种学习生活的知识看起来与学习数学知识、物理知识并无质的区别。

然而，编写者是否拥有对生活整全的认识，儿童是否通过“观看”教材就学会正确地感知和认识人类生活，儿童是否以“旁观者”的视角来看待人类生活就能学会过生活……诸如此类问题都让人对夸美纽斯的教材所具有的教化力量生疑。这也促使那些同样追求“回归生活”、以服务儿童为宗旨的德育教材编写者进一步追问：如何才能编写出真正“回归生活”的德育教材？

（二）“模仿”生活：小学《道德与法治》统编教材编写的新方式

根据诗学对“模仿”的认识，编写出“回归生活”的德育教材应该是“模仿”生活，而非“复制”生活。在现代心理学中，“模仿”一词常被等同于“复制”。根据这种解释，模仿儿童生活的教材就是在复制儿童生活，其方式和呈现形式一如夸美纽斯的《世界图解》。那么，按照诗学对模仿的界定，“模仿”生活与“复制”生活到底有何不同？什么是“模仿”生活？

在亚里士多德的《论诗》中，对模仿的认识有两点：一是总是模仿“处于活动中的人”；二是对依据可然律或必然律将会发生的事情的创作，即“按照事物应当的样子去创造”，使某物像它应当的样子[1]。据此，“模仿”儿童生活一方面意味着模仿儿童在真实生活中的活动、思考和感受，另一方面意味着创建儿童应当、可能的生活。可见，生活化德育教材对儿童生活的诗性模仿，不是简单地机械照搬、原样复制，而是展现作为生活者的儿童是如何生活的，以及儿童应当、可能的生活是什么样的。质言之，“模仿”儿童生活就是模仿儿童这一“生活者”应当、可能的生活。那么，教材又如何“模仿”儿童生活？

二、“模仿”生活的双重困难

探索以模仿儿童生活的方式编写教材并非易事。其中的困难不仅来自儿童生活本身具有的特点，也来自教材这一文本的特殊体例。

---

[1] 亚里士多德．亚里士多德全集：第九卷［M］．北京：中国人民大学出版社，1994：654-655．

（一）儿童生活的特殊性

生活化德育教材采取了以诗性模仿的方式编写教材。什么是儿童生活？儿童生活具有何种特点？教材在模仿儿童生活时，如何适应儿童生活的特点，超越儿童生活的局限？这些问题构成了生活化德育教材编写困难的一个方面。

第一，儿童生活具有“无事性”。这种“无事性”并非实指儿童生活中没有任何事情，而是相对于儿童的生活体验而言，生活是“无事的”。这种特殊的生活体验是由于儿童缺乏对生活之事进行整理的思想图式，所以难以将生活诸多事情从混沌一团的生活中剥离、整理出来[1]。儿童无法给生活中诸多事情划界，儿童生活中的事与事之间就处于混沌、互涵的状况。这使得儿童难以形成生活的“事件感”。生活中“无事”也使儿童缺乏具体的反思对象，生活对其而言似乎也是无事可思的。此外，儿童受限于其语言水平，没有语言工具的帮助，也使其难以言说生活，生活对其而言似乎也是无话可说的。因此，对于儿童而言，生活是无事的、无思的，也是无话可说的。那么，教材如何超越儿童生活的无事性，使儿童能够整理、反思、言说其生活之事，为儿童可能生活奠定基础？

第二，儿童生活具有连续性、动态性。教材作为静态文本，就像生活中的“傻瓜相机”，只能捕捉生活中凝固的瞬间和片段。真实的

---

[1] 本部分有关儿童生活“无事性”的论述，借鉴了方慧容《“无事件境”与生活世界中的“真实”——西村农民土地改革时期社会生活的记忆》一文中的研究成果，具体参见中国社会科学院社会学研究所编《中国社会学（第二卷）》，上海人民出版社2003年版，第282-371页。

儿童生活是连续性、动态性的，即指儿童生活的任一活动都不是静止之物，它产生于其他事物，其自身也将产生其他事物。换言之，生活中的任何活动都是有前因后果的。那么，教材如何模仿生活的这种连续性、动态性？

第三，儿童生活具有不可见的内在性。人被理解为具有内在深度的存在[1]。儿童生活不仅包括那些外显化的活动、言行，还包括儿童的感受、思考、情感以及其他精神活动等不可见的内在生活。那么，儿童生活的这种内在性到底是什么？其存在方式是什么？儿童又是如何过内在生活的？教材如何模仿这些不可见的灵魂“黑箱”？借由教材中的文字或图画等可见符号，这种不可见的内在生活就可以显露出来吗？

这些儿童生活的特性都是教材在模仿儿童生活时，必须认真考虑和面对的。不能适应儿童生活的特点，不能超越儿童生活的局限，就不可能编写出真正回归儿童生活的教材。

（二）教材体例的特殊性

编写生活化的德育教材，其困难之一就来自教材的特殊性。教材一词对应的英文是“textbook”，其词根“text”起源于对某物进行编织，而“编织品”是有基本的纹理和结构的。教材也具有基本的结构，它由若干单元及单元内部若干课文构成。那么，编写生活化的教

---

[1] 泰勒．自我的根源：现代认同的形成［M］．韩震，等，译．南京：译林出版社，2001：165-170．

材意味着需要按照教材的体例对“儿童生活”进行分隔、剪裁，将儿童生活“条框化”“隔栅化”。如何分割、剪裁儿童生活呢？是否存在庖丁解牛之术，将“儿童生活”的“皮肉筋骨”分开即可？分解出的“儿童生活”是否也如夸美纽斯对人类生活世界的分解，最终呈现在儿童面前的，依然是一个与己无关的外在学习对象？无论是如何模仿儿童生活的问题，还是如何剪裁儿童生活以适应教材体例的问题，都意味着编写一套模仿儿童生活的教材困难重重。因此，需要尽可能地使用一些开创性的文本策略，使教材既符合儿童生活的特点，又适应教材的特殊体例，从而编写出真正模仿儿童生活、回归儿童生活的德育教材。

三、编写方式的突破：新的文本策略

（一）建构生活事件，培养儿童整理生活的思想图式

如前文所讲，儿童生活的无事性源于其缺乏整理生活的思想图式。为此，小学《道德与法治》统编教材力图通过建构生活事件这一文本策略来模仿儿童生活，形成培养儿童整理生活的思想图式。具体来说，本套教科书含有三类生活事件：为生活“定时”的时间性生活事件，为生活“定位”的空间性生活事件，以及为生活“定料”的平常性生活事件。我们通过建构这些生活事件达到为儿童生活之事确定时空坐标与质料内容的目的，形成儿童生活的“事件感”，使儿童有能力营建有秩序、有条理、有内涵的可能生活。

1. 时间性生活事件

建构时间性生活事件是指建构与时间相关的生活事件，即建构遵循自然时间和人造的社会时间而来的生活事件[1]。无论是遵循自然时间还是社会时间，教材设计的时间性生活事件都意在型塑儿童生活最为基本的“时间感”。具备了时间感，儿童就可以依照时间安排自己的生活，划分生活之事，从而为自己的生活“定时”，使自己的生活次序化、条理化。

在低年段《道德与法治》教材中，就以季节为时间线索，编排了与自然时间相符的儿童生活事件。在一年级上册中，我们编写了《健康过冬天》一课，围绕儿童冬天的运动、玩耍、穿衣保暖、治疗冻疮、预防感冒等内容，教材选取了与冬天高度相关的生活事件，以此形成儿童冬天的生活感以及冬天的生活方式。此外，低年段《道德与法治》教材还引入了春天、夏天、秋天等自然时间，使低年段教材形成完整的自然时间线索，并以此线索展现各个季节典型的儿童生活事件，形成儿童生活的季节感。

随着现代社会的发展，社会时间对人类生活的影响越来越大。学校的制度时间便是儿童首先遭遇的社会时间。能够按照学校的制度时间建立自己在校的作息习惯，这对于初入校的儿童非常重要。因此，在一年级上册《校园里的号令》一课中，围绕“铃声”这一学校制度时间的象征物，教材呈现了儿童在校生活的时间安排和生活秩序。在

[1] 埃利亚斯．论文明、权力与知识——诺贝特·埃利亚斯文选［M］．刘佳林，译．南京：南京大学出版社，2005：234-245．

《课间十分钟》一课中，更是以具体的“课间十分钟”这一典型的儿童在校时间为主题，构建了儿童课间十分钟的生活事件。引导儿童在课间十分钟中，自主安排玩耍、如厕、喝水、准备下节课的学习等活动之间的顺序，引导儿童过好课间十分钟。

2. 空间性生活事件

空间不仅是儿童生活的具体区域、场所，更是塑造儿童位置、处所经验的实践场域[1]。教材建构的空间性生活事件就是儿童在不同空间的思维方式、言行方式的生活事件，旨在使儿童能够区隔不同的空间，形成与社会空间相符的生活方式，从而获得社会空间感。比如高年段《道德与法治》教材的主要框架就是以家庭、学校、社区、国家、世界这些儿童生活不断扩展的生活空间为主线。下面以小学《道德与法治》统编教材中儿童的学校生活空间和日常公共空间为例，阐释教材对空间性生活事件的构建方式。

对于儿童来说，学校是他们离开家庭这一熟悉的生活场域后遭遇的第一个制度化的空间。对于初次进入这一空间的儿童而言，这是一个陌生的生活空间。如何让儿童真正进入学校空间，适应学校空间的生活方式是教材需要解决的问题。《道德与法治》教材围绕学校空间所特有的学习活动、学校作息安排、人际交往（师生、生生交往）等内容，构建了学校空间中的生活事件，以此为儿童的学校生活“定位”，形成儿童学校生活的空间感。在一年级上册中，教材一开始就设计了“我是小学生啦”“校园生活真快乐”两个单元，围绕儿童在

[1] 布迪厄. 实践感 [M]. 蒋梓骅，译. 南京：译林出版社，2003：101-104.

校生活所需的思想意识、行为方式等内容构建儿童学校生活事件，引导儿童建立守时、守规的学校生活意识，并在言行上做到文明礼貌、互助友爱、尊敬师生等。

在学校这一空间场域中，学习无疑是首要且典型的活动。然而，由于学校教育的现实，儿童往往会形成学习仅指知识学习、教科书学习等狭隘的学习观念，并且在学习体验上也有较多的消极感、压抑感。因此，在三年级儿童学习转折期，教材设计了“快乐学习”单元，围绕学习观念、学习途径、学习体验、学习态度、学习方法等典型的与学习活动相关的内容，设计了儿童学习方面的生活事件，为儿童展现整全的学习图景。学习不只是知识学习，还包括各种技能学习、道德学习、实践学习等。除了阅读教科书，还可以通过与他人交往、实际调查、参观访问等途径完成学习。学习的体验除了压力、紧张以外，学习本身也是令人快乐的，如会有学会了新本领后的快乐、战胜学习困难后的快乐等。通过以上内容，教科书构建了完整的学习图景，以此培养儿童健康的学习观和正确的学习态度，帮助儿童获得“人人都能学得好”的自信，以及积极的学习体验与有效的学习方法，从而引导儿童真正成为“学习的主人”。

《道德与法治》教材还着重从社会空间的公共性入手，设计了公共空间中的生活事件，旨在培养儿童具有现代公民所必备的思想意识和言行举止。教材围绕公共设施的使用、公共环境的保护、公共生活规则的遵守等内容，构建了公共空间中的生活事件，引导儿童形成公共空间感，使其不仅在思想上具备公共意识、规则意识，而且在行为上也能做到遵守秩序、守规则、举止文明等。

3. 平常性生活事件

儿童生活“无事性”的特征，常被成人误以为儿童生活平淡无奇、琐碎拉杂。因此，一些教材的编写者就以儿童平常生活之外的事件，如某种极端的儿童英雄事件或成人世界的宏大叙事，取代儿童个体生命的呢喃，以使儿童生活“不平凡”。问题是这些极端的生活事件仅是极少数人的个别、偶然的遭遇。即便这些个别遭遇构成了人生耀眼的生活片段，那也只是生活的一部分。因此，我们不可能为了少数人非常态的生活片段，而忽视了儿童的整全生活。生活化教材的编写者不能越俎代庖地把成人设想的“生活剧本”强加给儿童，模仿的主要是儿童作为平凡的“生活者”所过的常态生活。因此，与那些在极端生活中才可能存在的生活事件不同，生活化的德育教材构建的生活事件来自儿童的平常生活，是每个儿童在其生活中都可能遭遇的事件。

儿童的平常生活不外乎吃、穿、住、行等日常活动，以及在家庭、学校、社区等社会空间中的日常活动和人际交往活动等。因此，教材围绕这些生活内容构建了细小、平常的生活事件。通过这些平常性生活事件，儿童能够发现平常生活的奇妙、特别之处，并能体会平凡生活的点滴与不凡。在《道德与法治》教材中，我们主要通过以下几种方式构建平常性生活事件。

第一种是通过抓取一个日常行为或一件平常之事的方式来构建平常性生活事件，引导儿童认识到日常生活的细小、微末之处有丰富的内涵，人与人之间有真实的联系。例如，在每一次对他人的关爱行为中都有“关爱的艺术”，在每一次购买行为中都蕴含着“买东西的学问”，在每一个玩具背后都凝聚着设计、生产、运输、销售等诸多环节中的他人劳动。

第二种是以拟人化的方式从日常事物的角度来构建平常性生活事件，以此引导儿童“站在事物一边”，采取事物的立场看待“日常事物的命运”，破除对日常事物漫不经心、熟视无睹的态度，还原事物与人之间真切、深刻的联系。如教材中设计了塑料袋的漂流记、厨余垃圾的自述、泔水桶里白馒头的哭诉等内容，引导儿童关注物品的“命运”，并能够在自己的生活中做到“物尽其用”，真正帮助这些日常事物实现它们的价值。此外，还设计了站在街头迎接人们歇一歇的长椅、无论扔什么都笑眯眯地接受的垃圾桶、在漆黑的夜里为路人默默照明的路灯等日常事物的拟人化形象，以便让儿童站在事物的立场，客观地看待这些物品为人们提供的服务，认识到这些日常事物是人类默默的“朋友”，认真地对待和看护“朋友”是我们应尽的义务。

第三种是通过巧妙的设问、有趣的想象来构建平常性生活事件，使儿童能够重新发现生活，再思生活。例如，通过设计为什么我们居住的村叫“王家村”，为什么出生时父母会送亲友喜蛋等问题，引发儿童对日常事物背后的风俗习惯、历史渊源的关注。此外，教材还通过设计想象活动，引导儿童从反面再思生活。例如，设计冒险家奇奇到“相同国”旅行，引导儿童认识到人与人皆相同的生活是多么的无趣，接纳“不一样的你我他”才使生活丰富多彩；设计“小叮当”到无公共设施国度的旅行活动，使儿童再思公共设施对人们日常生活的价值；通过设想一天没有广告的生活，让儿童意识到在商业广告无处不在、无孔不入的现代社会中，需要警惕被广告之风吹跑的危险。

第四种是通过亲身实践的方式引导儿童真正体认生活。如模拟厨师手持炒锅数分钟的方式或模仿快递员在有限的时间内精准投递包裹的方式，体认劳动者的艰辛。通过调动儿童的身体感官，引导儿童体认交通问题的存在，如：听一听，一长串急促嘈杂的汽车喇叭声与小鸟的声音，给人带来的不同感受；闻一闻，交通繁忙路口的气味与田间的气味，给人们带来的不同气味；看一看，小区中的停车位占用了多少空间等。以此使儿童真正感受到交通问题的客观存在，而不是仅仅从教科书上知道交通存在着噪声污染、空气污染、占用土地等方面的问题。

通过建构时间性、空间性、平常性的生活事件，引导儿童学会建构自己的生活事件，从而在其平凡生活中形成自己的生活纪事，建构自己值得铭记、反思、言说的个人生命叙事。这种以构建生活事件为主的文本策略，一方面可以将儿童松散的生活内容相对集中化，另一方面也在一定程度上适用于教材单元—课的体例，从而使教材的核心框架从知识体系转向了人的生活事件，并为构建一套名副其实的生活化教材敞开了可能。

（二）制作文本“机关”，显露生活之事的全貌

就生活本性而言，儿童生活的发展是缓慢、庸常且充满偶然性

的。因此，教材这一静态文本很难完整地反映儿童生活的全貌，只能捕捉生活的片段。在诗学中，模仿是对现实进行框定。也就是说，从无始无终的生活中择取出意味深长、富有教益的生活行动进行模仿[1]。而这种模仿所框定的生活行动并非只是呈现行动本身，而是呈现这一行动的“完整结构”。这一完整结构呈现行动的“前因后果”，以使人们从生活行动的“整全性”中获得突悟的可能。因此，教材尽管是静态的文本，但是也可以从儿童生活中选取那些特殊的、富有教益的生活之事进行模仿，从而最大可能地呈现生活的全貌。要达到此目的，教材在编写时就需制作某种文本“机关”，把生活中前前后后、里里外外之事聚拢起来，从而呈现生活之事的“全貌”，实现儿童从事物的全貌中获得新的认识和体会的可能。这种“机关”可以是某种时机、场景、言行、特殊事件等。对此，以小学《道德与法治》统编教材对儿童生活中不诚实行为的编写为例进行说明。

就儿童心理而言，儿童往往并非有意说谎。恰如经典儿童说谎故事《狼来了》，说谎者只是为了“乐一乐”，并没有意识到不诚实行为的严重性。因此，教材的编写并非呈现一个儿童的说谎行为，再引导儿童对其“批判”，而是有意展现儿童不诚实行为的“全貌”。这种“全貌”不仅包括儿童说谎时的内心状态，还包括儿童说谎后可能产生的行为后果，从而呈现说谎行为的“前因”与“后果”。在现实生活中，我们难以让儿童全方位地看到其说谎行为的“全貌”。但是教材

[1] 戴维斯．哲学之诗——亚里士多德《诗学》解诂[M]．陈明珠，译．北京：华夏出版社，2012：3．

却可以呈现这一说谎行为的“全貌”，使儿童从观看一个“完整”的说谎行为中，获得有利于自我反思的教益。

在三年级下册《我很诚实》一课中，设计了“小文的‘金鱼’”这个故事。看到同学们热闹地议论自家养的小动物，由于虚荣心作祟，小文在同学面前谎称自家养了好看的金鱼。若是在现实生活中，小文家是否养了金鱼，小文是否说了谎，似乎很难查证。因此，“小文”这类典型的说谎行为就很难构成恰当的“教育契机”。但是教材编写者在故事情节上设计了一个场景，即让同学提议去小文家看金鱼。这一场景设计就构成了一个很好的文本“机关”。通过这一“机关”，小文说谎的心理动机、说谎的后果、小文对说谎的反省都可以通过不断地追问而被显现出来，从而呈现说谎行为的“全貌”。这一“全貌”不仅对说谎行为作了批评，而且更利于引导儿童对说谎动机、说谎后果进行更深入的探讨。儿童正是通过这一说谎行为的“全貌”，对照并认识到自己生活中的不诚实行为。只有在对说谎行为的动机和后果有了更深的认识后，儿童才有可能改掉说谎的毛病。

（三）设计内在性活动，通向儿童的内心世界

儿童作为具有内在深度的存在，需要教材设计内在性活动，通向儿童的内心世界，引导儿童过内在生活的方式。通过设计与儿童内在生活相关的活动，揭示儿童内心世界的存在。如在三年级下册《我是独特的》一课中，通过引入“故事袋”这一内心世界的象征物，展现儿童内心世界的存在。同时，教材在设计学生活动时，不仅设计了那

些外在的、可见的活动，而且着意设计指向儿童内心世界的活动。例如，结合阅读角，教材设计了一些引导儿童默默思考、默默感受的活动。此外，在设计内在性活动时，编者特别注意对儿童内心世界的尊重。我们设计了一个让儿童回顾自己秘密的活动，但这一活动并不要求儿童说出来与他人分享。在其他涉及儿童自我反思的活动中，教材主要是指导这种活动，并不要求这类活动外显化。针对儿童破坏公共设施、不守信用的行为时，教材只是引导儿童在心中默默反思，并进行自我评价，不要求儿童在课堂上说出来。

教材不仅揭示儿童内心世界的存在，而且注重设计内在性活动将儿童“引入”内心的世界，学着过内在的生活。如何让儿童进入自己的内心和整理自己的内心世界是教材模仿儿童内在生活必须突破的问题。因此，在高年级的教材设计中，我们侧重引导儿童关注自己的内心世界。如在六年级下册中通过引入“反思”这一主题，展现反思作为内心世界常见的活动方式，引导儿童有意识地像在自己心中“过电影”的方式（鲁洁语）反思自己的言行，提升儿童过内在生活的方式。同时，我们也会结合其他册的教材设计主题，落实对儿童内心世界的关注。如在设计有关儿童诚实、守信、不宽容等主题的内容时，都注重引导儿童关注行为当事人的心灵状态。以六年级下册“宽容”主题的内容为例，教材就着重呈现了不宽容的内心状态，包括对他人无心之失锱铢必较，对他人伤害念念不忘，始终持有“以牙还牙、以眼还眼”的报复想法，无法平息心中的怒气，执意不肯原谅别人等。只有将这些不宽容的内心状态显露出来，儿童才会有意识、有针对性地整理自己心中不宽容的想法和情绪，才有可能放弃报复想法，平息心中怒气，学会大度地原谅别人。

上述这些“模仿”儿童生活的文本编写策略，为编写一套真正回归儿童生活的教材作出了有益的探索。正是在这些文本策略的运用中，小学《道德与法治》统编教材才可能不断接近儿童生活、指引儿童生活，从而服务于儿童的道德学习以及教师的道德教学。这种模仿儿童生活的德育教材编写方式，不仅丰富了我国德育教材的编写方式和编写经验，也为世界上其他进行直接德育的国家编写新的德育教材提供了参照。这是中国德育学人为破解现代学校直接德育的难题所贡献的一份力量，也为以后生活化德育教材的编写奠定了一个更高的起点。

第二章

走向生活的法律教育与传统文化教育

本章导引：

自2001年基础教育课程改革以来，生活德育论已经成为小学德育课程的核心理念，在这一理念的指导下，走向儿童的生活已经成为小学德育课程的必由之路。为什么要走向儿童的生活？怎样有效地走向儿童的生活？走向儿童生活的德育课程又是什么样的？这些理论与实践问题显然是德育课程规划、教材编写和教学设计不可回避的课题。

2017年秋，小学《道德与法治》统编教材逐步在全国范围内使用，此套教材的编写特别关注了法律教育与传统文化教育的内容。在此，本章以法律教育和传统文化教育为例，力图回应德育课程走向生活的几个基本问题。

第一节
法律教育与德育课程

本节提要：

在全面推进依法治国的大背景下，如何在义务教育阶段加强法律教育是一个紧迫的课题。法律教育是德育课程的一个有机构成，不宜将法律教育从德育课程中分离出来而单设专门的法律教育课程，否则既是对德育课程综合性的伤害，也是对法律教育的削弱。在德育课程框架内，以科学的态度，“尊法重理”，准确定位，处理好相应关系，才是加强法律教育的理性选择。

在全面推进依法治国的今天，如何在义务教育阶段加强法律教育是一个值得研究的重大课题。从宏观上看，依法治国的真正落实是最强有力的法律教育，是法律教育的“终极课程”，最具说服力和教育效果；从中观上看，依法办学、依法治校是依法治国在教育领域的体现，是实施法律教育直接且有效的方式。学校以课程与教学为其基本存在方式，因而法律教育的课程形式是一个必须研究的课题。

一、法律教育：德育课程的一个有机构成

除了通过依法办学、依法治校进行法律教育，法律教育还可以采

取课程的形式。有人就此提出，应该在义务教育阶段开设专门的法律教育课程。提出这样观点的人大概不了解法律教育在义务教育阶段的真实情况。实际上，早在小学《义务教育品德与生活课程标准（2011年版）》和《义务教育品德与社会课程标准（2011年版）》的课程目标与内容要求中就有了关于法律教育的规定，初中《义务教育思想品德课程标准（2011年版）》更是明确地将法律与道德、心理健康、国情一起作为建构课程标准的四个内容要素。可以说，法律教育是德育课程的一个有机构成。

将法律教育作为德育课程的一个有机构成，或者说将法律教育的课程形式与德育课程融为一体，这样的处理不是任意为之，而是符合教育规律和现实逻辑的。在中国这一社会与教育背景下，德育从来就不是单指道德教育，而是一种融道德、法律、政治、思想、心理等内容为一体的"大德育"。这种德育观，不但体现在有关德育的规范性文件中，也为学术界所理解和接受（当然，学者对"大德育"的接受有主动和被动之分，一些学者并不赞同"大德育"观，但碍于实际，又不得不接受），更体现在实践中（没有哪所学校的德育是专指道德教育的）。也就是说，德育已经内在地包含着法律教育，或者说，法律教育本身就是德育的一个构成性要素。

即使是"大德育"观，也是以道德教育为基础和核心的。将法律教育与德育相融合，还有深层次的依据：法律与道德的相通性。人们总是习惯于从伦理学和法学这两个不同的学科立场出发，强调法律与道德的区别。但是，我们无法否认二者具有相通的地方，这主要体现在两个方面。

一方面，法律实际上是对核心道德价值的强制保护。公平、正义是人类不朽的价值追求，这些价值追求单靠个人的道德自觉和社会的道德约束不足以实现，还需要有法律的强制性保护。我们常说法律是一种禁止性规范，不允许人们有某种行为。法律为什么要禁止某种行为呢？归根结底，这是因为法律所禁止的行为侵犯了法律所要维护的某种道德价值。法律就是通过这种禁止性规范来维护道德价值的。法律对道德价值的维护，或者说法律的道德性在宪法中有典型的体现。一国宪法是该国法律的总纲，是根本大法；一国宪法往往也是一个道德宣言，是对最核心道德价值的倡导、宣示与维护。

另一方面，道德也是法律的价值基础。实际上，所有的良法都有一个道德价值基础，没有道德价值基础的法律肯定是恶法。在抽象的意义上，没有道德价值基础，法就只剩下一个强制性的空壳，也就失去了法的精髓与灵魂。我们常说，法律是一种强制性规范，但如果没有道德意识的支持，只靠强制，法律完全外在化，其效力及权威性则大打折扣，必将难以为继。法律要想得到人们发自内心的尊重，而不是仅仅让人们畏惧，就必须符合人们的道德观念，反映人的最基本的道德需要。从个体的角度看，一个道德发展水平较高的人，即使没有完备的法律知识修养，也会有一种对法律的敬畏态度；从国民群体的角度看，国民所具有的普遍诚信等道德品质，往往是国民遵守法律、推崇法律的内在力量。

法律与道德的相通性还在于，在儿童的世界里，法律与道德是不加区分的。现代教育的一个通行做法是以学术学科为依据来开设各种分科课程，但儿童的世界是一个整体性的世界，他们过的是一种整体的生活。同样，在儿童的内心与生活世界里，起先没有道德问题与法律问题之分。道德与法律的区分是随着儿童身心发展，尤其是社会性的发展而逐步获得的。正如人类在发展进化中所展示的，先有习俗与道德，然后才有法律，儿童在社会性发展中也是先获得道德意识与观念，然后才形成法律意识与观念。按照道德认知发展阶段理论，直到第四阶段，儿童才有对法律概念的初步理解。虽然处在第一阶段的儿童，偶尔也会使用“违法”这一概念，但这时的儿童还未能形成法律概念，不能理解法律是一种什么规范，之所以不违法，纯粹就是为了避免惩罚。在这一阶段的儿童心里，不违法与不违反父母、老师的指令是一回事。到了第四阶段，儿童才能理解法律是用来保护每一个人及其利益的一种准则[1]。

正是基于这些基本状况和原理，世界上多数国家的德育课程或“类德育课程”都是包含法律教育在内的综合课程。我们国家曾在低年级开设品德与生活课程，这是一门综合课程，它虽然未直接提及法律教育，但却有规则、规范这些“前法律教育”内容，就是基于儿童尚未形成法律概念这一基本现实。在中高年级开设的品德与社会课程同样是一门综合性课程，在课程目标中对法律教育有了明确的规定：“理解日常生活中的道德行为规范和文明礼貌，了解未成年人的基本

[1] 柯尔伯格．道德教育的哲学［M］．魏贤超，等，译．杭州：浙江教育出版社，2000：102.

权利和义务，懂得规则、法律对于保障每个人的权利和维护社会公共生活具有的重要意义”，“初步形成规则意识和民主、法制观念，崇尚公平与公正”[1]。在初中开设的思想品德课程同样是综合课程，法律教育与道德教育、心理教育、国情教育的有机融合进而构成了课程的主要学习内容。美国不承认自己有专门的德育课程，但在中小学开设社会科课程。实际上，社会科课程类似我们的德育课程，可以说是“类德育课程”，也是一门综合课程，法律教育与公民教育、多元文化教育、价值教育、全球教育、环境教育等一起构成了它的基本内容。

二、不宜开设专门的法律教育课程

加强法律教育是全面推进依法治国战略的重要组成部分，这一点毫无疑问。问题是如何加强，是在既有的德育课程框架内加强，还是在德育课程之外开设专门的法律教育课程。不少人主张单设专门的法律教育课程，认为只有将法律教育从德育课程剥离出来，才能真正加强法律教育。学术讨论没有禁区，但政策制定需要谨慎从事。

首先需要考虑的是义务教育阶段的课程容量问题。坦率地讲，我们有一个不良的思维惯性，即什么重要，就一定想通过课程来加以实现。来自不同领域的力量都有在义务教育课程中占有一席之地的冲动。但义务教育的课程容量就那么大，中小学生的课业负担又那么

---

[1] 中华人民共和国教育部．义务教育品德与社会课程标准（2011年版）[S].北京：北京师范大学出版社，2012：5-6.

重，不可能无限制地增开新的课程。不增加学生课业负担是一条红线，要增加法律教育专门课程，就要取消一门现有的课程。法律教育固然重要，但目前课程计划中的哪门课程不重要呢？原来的法律教育是与德育课程融为一体的，法律教育重要，德育一样重要，我们又不能用法律教育课程来取代德育课程。

当然，已有的课程体系不是一成不变的，如果法律教育课程确有单独开设的充分理由，是可以对现有课程体系进行研究和调整的。问题的要害在于单设的孤立化的法律教育课程是否可行，尤其是在义务教育阶段是否符合儿童发展状况和教育规律。如前所论，低年段的儿童尚未形成法律概念，无法区分道德、规范与法律，如果开设专门的法律教育课程，在小学低年段显然不能进行直接的法律教育，只能安排规则、规范这些“前法律教育”内容。规则、规范教育具有多重意义，既可以为儿童的法律意识发育奠定基础，也可以为儿童的道德发展服务。综合性的德育课程所进行的规则、规范教育本来就是为儿童社会性的多维发展奠基的。如果开设专门的法律教育课程，必须从规则、规范教育入手，而剔除了法律教育内容的德育课程显然也不能舍弃规则、规范教育，这就会导致本来具有综合意义的规则、规范教育被分割化、重复化。

与德育课程分割的法律教育课程很容易失去道德支撑，这对法律教育本身也不一定是有利的。如前所论，法律与道德有相通的一面，与德育课程融为一体的法律教育可以很好地利用这一相通性，在特定的发展阶段将道德教育与法律教育结合起来进行。道德教育兼有法律教育的意义，法律教育同样兼有道德教育的意义。比如，很多法律都以“诚实信用”为道德基础，我们通过道德教育培养出了学生的诚信品质，这也为法律教育打下了道德基础。专设的法律教育就失去了这一优势，单就法律讲法律，这会让作为法律价值基础的诚实信用流于表面。

改革开放以来，我国的法制建设取得了长足的进步，法律体系不断完善，但离建成法治化国家的目标还很远。如果说过去的问题是“无法可依”，那么今天的问题则是“有法不依”。为什么会出现这种情况呢？一个很重要的原因就是很多人虽然了解了相关法律条文，但不理解、更谈不上信奉法律所蕴涵、所保护的道德价值，法律在人们内心没有神圣性。也就是说，法律问题单在法律范围内解决，单靠法律的惩罚还不够，还要靠人内在的道德力量和价值信念。这方面的教训足够深刻，我们不能再犯在义务教育阶段将法律教育与道德教育割裂开来的错误。

我们教育的应试化倾向明显，几乎所有的课程，无论性质如何，都被考试牵着走。由于课程的综合性和教育目标上情感、态度、价值观的突出，德育课程难以简化为知识考试性课程（尤其是小学德育课受考试的制约小一些）。这些年对新德育课程的一个常见的保守性批判就是知识点不突出，很难出考试题目，不好考试。如果开设专门的法律教育课程，可能正好满足这些人失落已久的考试欲望。因为法律教育是有知识体系的，很容易出考题。法律知识的学习当然是必要的，但法律教育的本意绝不是法律知识的死记硬背，而是法律观念的形成与法律态度的确立。我们可以想象这样的情景：一方面依法办学、依法治教停留在较低水平，学校场域视法律如无物的现象（比如快慢分班、违法补课、阴阳课表等）依然存在；另一方面则是强行要求学生死记硬背法律知识。在这样的教育背景下，学生会形成什么样的法律观念和态度呢？是权利义务意识、对法律的神圣性态度，还是对法律的犬儒主义态度？

开设专门的法律教育课程容易导致法律教育定位失当。义务教育阶段的法律教育显然不是培养法律专业人才的专业教育，而是旨在提高公民法律意识、态度和素养的非专业教育。与德育课程融为一体的法律教育，与其他教育内容交融，共同致力于提升学生的综合素养，不存在倒向法律专业教育的问题。而专门的法律教育若失去了其他内容的“约束”，则易倒向按法律概念与知识体系建构课程、设计教学的法律专业教育。法律是一个成熟的学科和知识领域，总有按学科逻辑建构课程的潜在冲动，这一点不用回避。专门的法律教育课程，为这一潜在冲动的实现提供了现实的可能。

专门的法律教育课程的开设，对德育及其课程综合性所造成的损害不容忽视。德育在教育实践中一直是一个“大德育”的概念，法律教育的脱离，必然造成概念上的混乱和实践上的困扰。德育课程是综合课程，内含的道德教育、法律教育、国情教育、心理教育内容是互相交织、互相融合的。法律教育的剥离必然导致德育课程结构与框架的坍塌，需要重新探索、建构新的结构。当然，问题的关键不在于课程结构的重建，而在于对课程综合性的损害。课程结构经过探索一定可以重新建构起来，而对综合性的损害则无法挽回。比如，法律教育中的很多内容与道德教育高度融合，法律教育的脱离必然导致这种融合的解体，这对道德教育和法律教育都是伤害。在综合性思维下，某一主题域的教育，既可服务于道德教育，也可服务于法律教育，我们根本无须明确区分这一内容到底是道德教育还是法律教育。在分割性思维下，这样的综合性教育显然不再可能。再如，有很多法律政策性的内容，在综合性框架里，既可以说是法律教育，也可以说是国情教育。但如果单设法律教育课程，就会对国情教育的落实造成很大的困难，因为拿走了这些内容，很多国情教育的内容是说不清楚的。

三、加强法律教育的理性选择

虽然法律教育在义务教育阶段不是零起点的，在德育课程中已经有了很好的融合与体现，但这并不意味着在全面推进依法治国的新形势下没有加强和提高的空间。加强法律教育应持科学态度，这是基本前提。简单的、行政化的处理方式表面上强化了法律教育，如果这种方式违背了法理和教育规律，结果则会削弱法律教育。加强法律教育的决策本身就是一种法律教育，体现了决策者对法律的尊重，就是对广大教育工作者和学生的一种法律教育示范。反之，如果以简单、行政化、超出现行法定内容与程序的方式强行增加法律教育内容，这就是对法律的不尊重，就是对广大教育工作者和学生的一种反面示范。

加强法律教育需要尊重法律，体现法律精神。除此之外，还应尊重教育规律。也就是说，加强法律教育应该遵循两种“理”，一种是“法理”（法律精神），一种是“教理”（教育规律）。在加强法律教育的决策与实践中，“法理”须尊重，“教理”同样不可违。

在加强法律教育方面，有三条“教理”必须得到尊重。一是青少年学习法律的基本规律，二是法律教育与德育、德育课程的关系，三是法律教育与道德教育、国情教育、心理教育的关系。第一条是法律教育绝对不可逾越的“天理”，法律教育的进度安排与内容选择都应以此为依据，否则我们所进行的法律教育就不是教育，而是对青少年和法律本身的双重损害。第二条是处理好法律教育在“大德育”体系和综合性德育课程中的位置，不将自身置于孤立之境。第三条是将法律教育与其他教育相互结合，既为其他教育贡献力量，又借助其他教育来强化自身，形成教育合力。

我们给法律教育一个适当的定位，这是加强法律教育的一个关键性工作。首先应该明确，义务教育阶段的法律教育是一种公民素养教育，不是法律专业教育，或者说，义务教育阶段的法律教育是为了提高公民尤其是青少年的法律素养，不是为了培养法律专业的专门人才。因此，法律观念与法律态度的培养就是第一位的，法律知识的学习则是第二位的。我们以往的法律教育总是摆脱不了这样一个惯性：法律知识是学生学习的对象，法律教育的目的就是让学生学习法律知识。这种法律教育实际上是一种知识化、应试化的教育，用法律知识的学习遮蔽了法律观念和法律态度的养成。牢固定位于法律观念与法律态度培养的法律教育，应该以法律知识的学习为基础，着力培养学生的权利、义务观念和程序意识，形成法律神圣不可侵犯的态度。

义务教育阶段的法律教育是为了法律本身还是为了青少年的健康成长？二者不是简单对立的关系，但在教育实践中，我们往往忘记了学生，将法律作为学习的对象，总有法律教育就是为法律而不是为学生的偏向。为了扭转这种偏向，义务教育阶段的法律教育应该有意识地树立法律为学生服务的意识。比如，《中华人民共和国未成年人保护法》为了表述方便将对未成年人的法律保护分为家庭保护、学校保护和社会保护。在知识化的驱使下，教师在进行这一内容的教育时，往往会让学生记忆什么是家庭保护、学校保护和社会保护，而忽略了帮助学生如何在家庭、学校和社会中学会保护自己，这与《中华人民共和国未成年人保护法》的立法宗旨是背道而驰的。从法律为学生服务的立场出发，最好的选择就是将家庭、学校、社会等不同社会场域可能存在的各种危险呈现出来，警醒学生在这些场域中提高自我保护意识。

加强法律教育，思路应该明确。根据加强法律教育的科学态度和准确定位，我们可以从四个方面加强法律教育。

第一，间接法律教育与直接法律教育相结合。如果说德育课程中的法律教育是直接法律教育，那么依法治国、依法办学、依法治校就是间接法律教育。如前所论，间接的法律教育虽然不是以教育学生为目的，但是能为学生提供法治生活环境，体现出国家、政府和学校对法律的崇敬，能够对学生起到潜移默化的作用，对塑造学生的法律态度至关重要。当然，这种间接的法律教育虽然有力、有效，但并不充分，因为法律观念的建立还需要直接的法律教育。可以说，间接的法律教育为直接的法律教育建构了生活基础，而直接的法律教育则是间接法律教育的升华，可以使无意识的法律态度转化为有意识的、自觉的法律意识。

第二，“前法律教育”与法律教育相结合。在儿童尚不能理解法律概念之前，法律教育依然可以有所作为，那就是“前法律教育”。规则教育、基本文明素养的培养、基础性的道德教育，都可以算是“前法律教育”。之所以称这些教育为“前法律教育”，既在于这些教育发生在儿童能够理解法律范畴之前，本身不是严格意义上的法律教育，又在于这些教育渗透了法律教育，从而为后续进行严格意义上的法律教育奠定基础。以往这些方面的教育缺乏法律教育的视野，没有为法律教育服务的意识。在加强法律教育的要求下，应将这些方面的教育纳入法律教育的视野之内，这样不仅使“前法律教育”为法律教育奠基，而且法律教育也会巩固、强化“前法律教育”的成效。

第三，分散与集中相结合。义务教育阶段的德育课程是以生活为逻辑建构的课程，各方面的教育内容（包括道德教育、法律教育、国情教育等）都是以学生生活为线索来组织的。学生生活是整体性的，不是单主题的，而是多主题的。这就决定了法律教育与其他教育一样，不能按法律教育的学科逻辑来组织，而应服从于儿童生活的逻辑。法律只是儿童生活的一个主题，这就决定了在多数情况下，法律教育只能以分散的形式进行，当儿童生活涉及法律问题了，就可以进行相应的法律教育。比如，安全是儿童生活的一个重要主题，法律是保障儿童安全不可或缺的维度，在这一主题下进行一定的法律教育是非常自然的事情。在儿童生活的特定时段，法律也会成为最为突出的主题，这时候就可以集中安排相应的法律教育内容，使分散的学习系统化，提升法律学习的有效性和系统性。比如，在小学高年级，鉴于儿童权利意识逐步觉醒，德育课程就可以相应地安排公民权利与义务等相关内容的法律教育。

第四，探索有效的法律教育方式。找到合适的法律教育方式、提高法律教育效果，是加强法律教育的应有之义。法律具有很强的实践性，而将法律教育变成知识学习的错误做法毁坏的正是法律的实践性。学生背诵与具体背景、事实无关的法律概念和条文，得到的只是抽象的、僵化的法律信息，不能深刻理解法律在现实生活中的复杂性，无法形成法律意识和依法解决问题的能力。因此，本着让法律为学生服务的原则，应该进一步探索案例教学等教学方式。以往的法律教育也有案例，但案例多是为理解、说明法律知识体系服务的，处在次要和从属的地位。突出案例的作用，就是让学生直接面对法律事实，然后带着问题去学习法律知识，再用法律知识来解决问题。案例也是人生叙事，本身就具有震撼心灵的教育意义，能够很好地将法律教育与其他教育结合起来。如果选取了各种典型的案例，借此讲述各种人生叙事，学生从中得到的不仅仅是法律的养料，还有法律背后的人生经验、智慧和文化价值。

第二节
道德教育与法律教育的融合及其限度

本节提要：

当前，小学德育课程的名称由“品德与生活（社会）”改为了“道德与法治”。课程名称改变后，道德教育与法律教育能否融合是一个必须关注的问题。鉴于道德与法律的深层联系以及道德教育与法律教育之间的互相支持，这两种教育是可以融合的。但是，道德与法律毕竟不同，道德教育与法律教育也存在差异。对此，我们在小学《道德与法治》统编教材中力图合理把握两种教育融合的限度，既要避免将二者完全割裂，也要避免将二者完全等同。

一、融合与否：课程名称改变后必须关注的问题

党的十八届四中全会通过的《中共中央关于全面推进依法治国若干重大问题的决定》明确提出：“把法治教育纳入国民教育体系，从青少年抓起，在中小学设立法治知识课程。”为了落实这一要求，2016年4月，教育部发文将小学的“品德与生活（社会）”起始年级统一更名为“道德与法治”，后续年级将逐年更名。随着课程名称的改变，道德教育与法律教育的关系成为本课程必须关注的重要问题。对于二者的关系，人们自然会想到，既然课程名称已经改成了“道德

与法治”，那么就应该在本课程中将它们进行融合。人们之所以会有这种融合的想法既是现实的要求，也是自然的反应。

从现实的要求来看，良好的道德素养和法律素养是公民素养的核心。随着现代社会的发展，具有良好的公民素养也越来越成为现代人的内在要求。当前我国公民的道德素养和法律素养并不高，亟需加强公民的道德教育与法律教育。中小学阶段是公民的道德素养和法律素养整体提升的关键时期。因此，在中小学阶段开设道德与法治课程，并将道德教育与法律教育进行融合是符合现实要求的。

从自然的反应来看，既然道德教育与法律教育被归于一门课程，那么人们自然会认为这两种教育应体现出一种综合性。此外，《义务教育品德与生活课程标准（2011年版）》《义务教育品德与社会课程标准（2011年版）》对于本门课程性质的界定也是综合性课程，这种综合性思维的惯性也会让人们自然想到道德教育与法律教育的融合。事实上，在过去的品德与生活（社会）课程中，道德教育与法律教育（包含前法律教育的规则教育）就是以儿童生活的逻辑进行统整的。

道德教育与法律教育融合的学理依据到底是什么？两种教育的融合有没有限度？两种教育能否相互替代？这都是课程名称改变后，我们必须思考的问题。如果我们不能从学理上澄清两种教育的关系，论证它们融合的依据和限度，那么在融合的实践中就可能违背教育规律，进而削弱两种教育的效果。

要从学理上论证两种教育融合的依据和限度，首先需要厘清道德与法律的关系。然而，要厘清道德与法律的关系并不是一件容易的事情，因为二者的关系是伦理学和法学中的重要问题，至今仍存在不少争议。耶林曾说："法律与道德的关系问题是法学中的好望角；那些法律航海者只要能够征服其中的危险，就再无遭受灭顶之灾的风险了。"[1]一般而言，自然法派从应然层面认为道德与法律密不可分，因为法律需要通过道德来论证其合理性，即善法才是法；实证法派则从实然层面认为道德与法律没有必然的联系，法律可以独立于道德而存在，即恶法也是法。虽然两派至今仍然存在着争论，但是形成了基本的共识：既不能把法律等同于道德，也不能忽视道德与法律之间的关系，"将法律和道德彻底分开的做法，以及将法律与道德完全等同的做法，都是错误的。"[2]

二、道德教育与法律教育融合的依据

我们不能忽视道德与法律之间的关系，那么道德与法律究竟是什么关系？道德教育与法律教育融合的依据是什么？在小学《道德与法治》统编教材中该如何处理这两种教育的关系？

（一）道德与法律的深层联系

在人类社会的早期，社会是以生活世界的形式出现的，道德和法律存在于生活世界中，二者是同源共生的关系。只是生活世界合理化

[1] 庞德．法律与道德［M］．陈林林，译．北京：商务印书馆，2015：67．
[2] 范进学．法律与道德［M］．北京：北京大学出版社，2012：49．

到一定的阶段，道德和法律才开始分离，相应地具有了各自的独特逻辑。不过，二者的分离并不代表它们不再发生联系，对于完善社会生活而言，道德与法律是可以互补的。

1. 人们自觉遵守的法律必须有道德的基础

在现代国家中，法律往往充当着国家权力的组织手段，并由国家权力为其提供实施的强制力保障。因此，在现实生活中，法律是以其权威性和强制手段规范社会成员的行为，它是一种外在的“他律”规范。但是，如果让公民自愿尊崇和遵守法律，那么法律必须由一种建立在原则之上的道德予以补充[1]。这是因为道德正当性往往是法律正当的基础和前提。庞德在梳理道德与法律关系之历史的基础上指出，法律既不能远离伦理习俗，也不能落后太多。因为法律不会自动地得到实施，必须由人来启动、维持、指导法律装置的运转；必须用比法律规范的抽象内容更全面的事物，来激励这些人采取行动，并确定自己的行动方向[2]。换言之，要想人们自觉尊法、遵法，就必须竭力探寻那种服从法律的一般义务，“而这种义务必须，也有必要是道德性的”[3]。

2. 实现道德选择上的自由离不开法律的保障

富勒认为，要搞清楚道德与法律的关系，首先要搞清楚什么是道德。他区分了两种不同类型的道德，即“愿望的道德”和“义务的道

[1] 肖小芳．道德与法律——哈特、德沃金与哈贝马斯对法律正当性的三种论证模式［M］．北京：光明日报出版社，2011：146．

[2] 庞德．法律与道德［M］．陈林林，译．北京：商务印书馆，2015：90．

[3] 范进学．法律与道德［M］．北京：北京大学出版社，2012：43．

德”。如果说愿望的道德以人类所能达到的最高境界作为出发点，那么义务的道德则是从最低点出发，确立了使有序社会成为可能或者使有序社会得以达致其特定目标的那些基本规则[1]。从两种道德的特点出发，义务的道德与法律的制定具有一致性，愿望的道德对法律却不具有任何直接的意义。这是因为，法律不可能强迫一个人做到其才智所能允许的最好程度。关于两种道德的区分，非常有利于我们理解为什么实现道德选择上的自由离不开法律的保障。富勒认为，虽然我们没有办法强迫一个人去过理性的生活，但是我们可以通过法律将较为严重、明显的投机和非理性表现排除出人类的生活，进而创造出一种理性的人类生存状态所必须的条件[2]。事实上，在一个没有制度性框架公正地分配权利与义务的社会中，即使有人从事某种崇高的行为，也不会被人们所崇敬，反而会被讥讽为迂腐、傻冒[3]。从这个意义上看，法律为道德自由提供了底线的保障。不过，法律也不能僭越道德的领地，否则就会适得其反。这是因为在道德与法律之间有一条分界线，在界线之上，追求卓越的道德会发挥作用；在界线之下，则是确保底线的法律发挥作用。如果过度地拔高底线的法律要求，可能会导致人们厌恶卓越的道德追求。

3. 对于改良人类道德而言，法律是“道德教育家”

法律不仅能为人类道德选择上的自由提供底线保障，还能弥补道

---

[1] 富勒．法律的道德性［M］．郑戈，译．北京：商务印书馆，2005：8．
[2] 富勒．法律的道德性［M］．郑戈，译．北京：商务印书馆，2005：12．
[3] 李佑新．走出现代性的道德困境［M］．北京：人民出版社，2006：141．

德功能上的不足。由于道德交往局限于生活世界，其调节的是自然人之间的关系和冲突，因而道德规范的有限协调作用不能转化为大规模制度的整合功能，这就有赖于法律的弥补。随着社会的世俗化和复杂化，法律更是成为人们解决冲突的重要方式。除了这种互补层面的作用，凯恩指出，我们还可以将法律作为道德领域深度思考的指南针，“法律的颁布可能制定出诚实和人道的标准，最终改变和提高现有的道德”。虽然法律的介入不能解决道德的分歧，但是在民主的社会里，通过法律的制度性资源，可以改善道德分歧的潜在负面社会效应。即使在道德领域里意见普遍一致时，法律也可以通过其制度性资源加强道德。因此，法律可以成为犯罪学家、社会学家布雷思韦特所称的“道德教育家”[1]。法律还可以让抽象的道德走向具体，其原因是道德“必须基于值得追求的价值观念。但是这些价值观是泛泛的，它们本身不能决定人们在某种情况下应该如何行为。我们很少能从价值观直接演绎到要求的行为”。比如，虽然社会成员有纳税的道德义务，但是“没有法律就没有付特定数额的税的道德义务”[2]。

（二）道德教育与法律教育的互相支持

道德与法律之间存在着深层的联系，那么道德教育与法律教育之间又存在着怎样的关系呢?

---

[1][2] 凯恩．法律与道德中的责任［M］．罗李华，译．北京：商务印书馆，2008：23-25．

1. 在教育目的上，两种教育共同促进公民素养的提升

对于完满的人格而言，道德教育与法律教育都很重要。人性往往兼具“天使”与“恶魔”两种本性。因此，人性的问题单靠道德是不能解决的，还需要法律来保障。在现代社会中，人们更是要通过法律对其公民身份进行确认。因此，公民既是法律意义上的人，也是道德意义上的人。对于中小学的道德教育与法律教育而言，它们不同于专业的伦理学教育和法学教育，其应定位于儿童公民素养的提升，而公民素养又是整体素养。因此，中小学的道德教育与法律教育在教育目的上是可以做到统一的，即共同促进儿童公民素养的提升，虽然二者的侧重点有所不同。

2. 关注儿童的现实生活，提升两种教育的实效性

在新课程改革之后，中小学德育课程确定了“品德培养回归儿童生活”的基本理念，其目的是要解决过去德育课程的知识化取向以及由此造成的道德教育实效性偏低的弊端。知识化的德育课程只能让学生获得“关于道德的知识”，而不是“道德知识”，正如杜威所言，它对于儿童道德素养提升的效果，是间接的、微弱的。正如上文所述，中小学阶段的法律教育不是专业的法律知识教育，而是一种提升公民法律素养的教育，即重视法治精神和法治意识的法律教育。因此，对于中小学阶段的法律教育而言，法律知识的学习是第二位的。那么，如何才能有效地提升儿童的法律素养呢？其中一个非常重要的保障就是法律教育要关注儿童的现实生活，因为只有对接了儿童的现实生活，才能让儿童直观地感受到法律就在自己的身边，才能真切地感受

到法律对自己生活的保护，对自己生活的意义，从而激发他们的法治精神和法治意识。相反，如果法律教育脱离了儿童的现实生活，仅仅停留在法律条文的知识记忆层面，那么培养公民素养的目标是难以实现的。关注儿童的现实生活，不仅可以提升道德教育的实效性，而且可以提升法律教育的实效性。

3. 道德教育能间接地提升法律教育的实效性

要想培养儿童自觉的法律意识，就必须重视道德教育。这是因为，当道德与法律背后的精神共通时，道德教育可以促进人们自觉守法。从价值层面看，凡是法律所禁止和制裁的行为，也是道德所反对和谴责的行为；凡是法律所要求和肯定的行为，也是道德所倡导和颂扬的行为。道德是法律的内在伦理基础，是法律公正属性得以维护和法律得以自觉遵守的必要条件。因此，道德教育的深入开展有助于法律教育的推进，而法律教育的深入，也能推动道德教育的进一步发展[1]。一般情况下，道德教育背后的价值追求与法律教育背后的价值追求也是相通的，即建构儿童美善的生活。只是道德教育要求凭良心的判断，时加反省，自惩自奖。如果这种道德教育能够成功，那么法律教育就容易取得成效。法律教育旨在培养儿童的法治意识，即心中有法。而心中有法与心中有道德在形式上是一致的。从这个角度而言，不仅道德教育能促进法律教育，法律教育也能促进道德教育。

[1] 徐继超．公民道德教育与公民法制教育［M］．北京：中国社会出版社，2003：122．

4. 符合教育规律的法律教育具有间接道德教育的功能

涂尔干在《道德教育》一书中指出道德的首要要素就是“纪律精神”[1]，由此可以看出，道德与法律在形式上有某种相通之处。如果说法律是通过外在的权威让人服从，那么道德则是让人服从于内心的权威。对此，提出道德发展阶段理论的柯尔伯格明确指出，儿童不经过服从外在权威的阶段是不可能达到服从内在权威阶段的。从这个意义上讲，法律教育可以为道德教育提供某种基础，从而具有间接道德教育的功能。在教育目的上，符合教育规律的法律教育要做到以理服人，使公民心悦诚服，进而将法律纳入公民自己的内心，自律践行。在教育思路上，符合教育规律的法律教育不应对学生进行肤浅的说教或缺乏启发性的灌输，而应把法律的文明价值、法理理性说明清楚。换言之，符合教育规律的法律教育正是因为重视学生自觉尊法、遵法，使得它具有了间接的道德教育功能。因此，中小学在进行法律教育时应重视法律背后的精神，比如法律背后的公平与正义，法律对于弱者和特殊人群的保护，等等。此外，如果教师能以道德的方式进行法律教育，那么这也可以说是在进行一种间接的道德教育。与此同时，中小学教师在进行法律教育时，应该力求“接童气”，应尽可能使教材和教学的呈现形式、表达方式与儿童的心理特点相适应。相反，如果教师不尊重儿童的身心特点，不尊重儿童的生活经验，完全按照外在于儿童的知识逻辑进行法律教育，并在教学过程中以缺乏启

[1] 涂尔干．道德教育［M］．陈光金，等，译．上海：上海人民出版社，2006：17．

发性的灌输为主要方式，不关注儿童对法律的切身感受，那么就可能产生负面的道德后果。

（三）小学《道德与法治》统编教材中的处理

鉴于道德与法律之间的深层联系以及道德教育与法律教育的互相支持，在小学《道德与法治》统编教材中，编写者应该如何融合二者呢？

1. 道德教育与法律教育在儿童生活中的融合

在小学《道德与法治》统编教材中，道德教育与法律教育的第一层融合的依据是道德与法律在儿童生活中的并存。虽然这是一种表层的、显性的融合，但这符合儿童生活特点和教育规律，符合道德与法律共同社会生活需要。具体而言，这种融合有两种具体的做法。第一种做法是从现实的生活需求出发来融合两种教育。如在三年级上册第6课《让我们的学校更美好》[1]中，教材呈现了一个山区儿童失学的真实情境，并列出《中华人民共和国义务教育法》有关儿童受教育权利保障的法律条文。这种设计使得法律教育不再是外在于儿童的生活，而是直接对接他们真实的生活需求，从而激发他们的法律意识。同时，在这个环节的设计中，教材还呈现了一首真实的失学儿童所写的诗，它可以唤醒儿童的同情心，发挥道德教育的功能。第二种做法是以儿童的生活场景或者生活事件来融合两种教育。如果说道德与法律

[1] 中华人民共和国教育部. 义务教育教科书道德与法治：三年级上册［M］. 北京：人民教育出版社，2018：42.

是儿童生活中帮助他们更好生活的两个重要方面，那么编写者就可以通过儿童的整体生活来融合这两种教育，让它们对儿童生活产生整体影响。如在小学一年级上册第4课《上学路上》[1]中，教材就是以儿童的上学路上这一生活场景融合了多种教育，当然其中也包含了道德教育与法律教育。在上学路上这一真实的生活场景中，既会涉及父母、老师以及其他人对儿童的关心和帮助，也会涉及交通规则，前者属于道德教育的内容，后者属于法律教育的内容。

2. 关注法律教育背后的道德精神的渗透

道德教育与法律教育不仅可以是表层的、显性的融合，还可以是深层的、隐性的融合，即重视法律背后的公平与正义，重视法律对特殊人群的保护，展示法律正义与温情的一面。在小学《道德与法治》统编教材中的法律教育就体现了法律保护儿童的温情一面。如在六年级上册的法治专册中，教材有一个单元专门讲法律对儿童的特殊保护，让学生认识法律对儿童的特殊保护有哪些，同时引导他们学会运用法律来维护自身的合法权利，并树立起“法律红线不可碰”的法律意识[2]。再如，在法律教育的相关内容中，教材还重点突出了儿童应该具有的基本法律理念和法律精神，即法律面前人人平等。同时，还让儿童初步认识法律不只是保护公民权利，同时也是国家机构行为的

[1] 中华人民共和国教育部. 义务教育教科书道德与法治：一年级上册[M]. 北京：人民教育出版社，2018：14-19.

[2] 引自唐燕博士整理的高德胜教授主持的小学《道德与法治》统编教材法治专册编写思路研讨会上的内容。

规范。法律既是保护我们每个公民的，也是保障国家有序运行的[1]。教材的这种设计其实就是在法律教育中渗透了法律背后精神的教育，它揭示了法律与道德之间的深层联系。

3. 重视法律教育对道德的改良作用

法律对道德具有改良作用。如果说道德教育从价值层面向儿童指明了行动的方向，那么法律教育则确定并细化了这种行为的底线和具体要求。如在三年级下册第8课《大家的“朋友”》[2]中，教材不仅通过公共设施的拟人化表述，以童趣的方式唤起儿童对公共设施的爱护意识，而且通过《中华人民共和国治安管理处罚法》的法律条文，让儿童明确破坏公共设施会遭受哪些不同程度的惩罚。如果说前者唤起的是一种较为抽象、模糊的道德意识，那么后者则提供了较为具体、明确的法律底线。

三、道德教育与法律教育融合的限度

在小学道德与法治课程中，虽然道德教育和法律教育可以融合，但道德与法律毕竟不同。那么，道德教育与法律教育融合的限度是什么？对此，在小学《道德与法治》统编教材的设计中，我们又该如何处理？

---

[1] 引自唐燕博士整理的高德胜教授主持的小学《道德与法治》统编教材法治专册编写思路研讨会上的内容。

[2] 中华人民共和国教育部. 义务教育教科书道德与法治：三年级下册[M]. 北京：人民教育出版社，2018：50-57.

（一）道德与法律的区别

道德和法律有各自独立的领域，我们不能将道德与法律合二为一，二者的区别主要体现在以下几个方面。

1. 作用方式不同

虽然道德与法律都是人们行动的指南，但是二者在与国家权威和强制力的关系上却有着显著的不同，这也决定了道德与法律不同的作用方式，即前者是非强制性规范，后者则是强制性规范。道德作为一种社会规范，依靠社会舆论、习俗和内心信念的力量，以“应当”如何的方式调节人的行为。道德制裁的效应大小在很大程度上取决于社会个体自身的道德信念。与道德相反，法律主要通过各种制裁来发挥作用，必须以某种切实的事物为依据。这也带来了道德与法律作用方式的另一种不同，即“道德涉及人的思想和情感，而法律只涉及人的行为”[3]。虽然在良心的法庭上，一项从事非法行为的明确意图或愿望几乎和实施非法行为一样可憎，但是没有哪部法律会惩罚仅仅拥有意图的人。

2. 调节范围不同

道德与法律都拥有各自独立的领域。一方面，在某些情况下，一些重要的法律领域至少会表现出一种道德无涉的特征。比如，我们是否要求两名或三名证人来见证遗嘱，这与道德无关[4]。另一方面，某些道德领域的问题也不需要法律干预。马里旦就认为，“在自然或超

---

[3] 庞德．法律与道德［M］．陈林林，译．北京：商务印书馆，2015 : 52.
[4] 庞德．法律与道德［M］．陈林林，译．北京：商务印书馆，2015 : 60.

自然秩序中，心灵的隐秘、行为的自由、道德律的普遍、将良心向上帝诉说并追寻上帝的权利，所有这些事物都不应受到国家的干预”[1]。从二者的独立性来看，道德的法律化，反而会减少人们自我反思的空间和自由，不利于人之自由的实现和人格的完善[2]。同样，无视二者独立性的做法也会伤害法律。庞德指出：“将道德等同于法律，以及推定应然命题可以单凭道德与法律的同一性成为权威的法律规范，造成了一些有害于法律成熟期之明晰思考的混乱。”[3]

3. 有效性的基础不同

区别于道德，法律的有效性是事实性与规范性的内在统一。事实性要求法律以制裁为后盾强制人们接受和遵守，这种实然有效性只是纯粹的接受，不涉及接受者的信念和态度。但是，单纯依赖制裁并不能保证人们自愿、普遍服从。因此，法律还需要规范性向度，正当之法必须建立在合理理由的基础之上。没有事实性向度，法律就无异于传统的道德。没有规范性向度，法律将无法持存下去，也就无法发挥其社会整合功能[4]。

哈贝马斯区分了道德的有效性与法律的有效性。他将道德的有效性称之为公正性，它指明规范“值得”被普遍承认，这是因为道德规范能够联结接受者的意志。因此，道德律令的制定者同时就是服从道

[1] 马里旦. 自然法：理论与实践的反思 [M]. 鞠成伟，译. 北京：中国法制出版社，2009：72.
[2] 范进学. 法律与道德 [M]. 北京：北京大学出版社，2012：45.
[3] 庞德. 法律与道德 [M]. 陈林林，译. 北京：商务印书馆，2015：30-31.
[4] 肖小芳. 道德与法律——哈特、德沃金与哈贝马斯对法律正当性的三种论证模式 [M]. 北京：光明日报出版社，2011：129.

德律令的接受者。这也就是说，道德律令包含了一种内在的服从，因为它是制定者自由意志的选择。哈贝马斯将法律有效性称为正当性，正当性这一术语更为关注的是程序和起源，而不是实质的价值[1]。因此，“民主原则只适用于法律”[2]。由此看来，道德与法律的有效性基础是有不同侧重的。

（二）道德教育与法律教育的差异

由于道德与法律在作用方式、调节范围以及有效性的基础上存在着不同，这就意味着道德教育与法律教育是两种不同的教育。一般而言，人们首先想到的就是道德教育与法律教育内容的不同，即道德教育指向的内容是道德，法律教育指向的内容是法律。从教育内容的不同出发，我们在进行中小学的道德教育和法律教育时，应该让儿童体会道德与法律存在着不同的作用方式、调节范围以及有效性基础，并体会道德与法律在完善社会生活中的不同作用。其次，人们会想到的就是道德教育与法律教育方法的不同。道德教育常用的方法有：提高道德判断力的两难故事法、培养道德敏感性的角色扮演法和澄清价值观的价值澄清法等。法律教育常用的方法有：加深理解的案例教学法、促进体验的模拟法庭等。从教育方法的不同出发，我们在进行道德教育和法律教育时，应该选择不同的方法，提升两种教育的实

---

[1] 肖小芳．道德与法律——哈特、德沃金与哈贝马斯对法律正当性的三种论证模式［M］．北京：光明日报出版社，2011：137-139．

[2] 哈贝马斯．在事实与规范之间：关于法律和民主法治国的商谈理论［M］．童世骏，译．北京：生活·读书·新知三联书店，2003：135-136.

效性。

除了内容和方法的不同，道德教育与法律教育还存在着其他的不同。比如，教育时间起点的不同。按照柯尔伯格的道德发展阶段理论，儿童要到第四阶段，即“以权威、法律和义务为定向”的阶段，才会对法律概念有初步的理解。虽然处在第一阶段的儿童，偶尔也会使用“违法”这一概念，但这时的儿童尚未形成法律概念，不能理解法律是一种什么规范，之所以不违法，纯粹就是为了避免惩罚。在这一阶段的儿童心里，不违法与不违父母、老师的指令是一回事。到了第四阶段，儿童才能理解法律是用来保护每个人及其利益的一种准则[1]。柯尔伯格的道德发展阶段理论告诉我们，儿童的道德教育与法律教育开始的时间是有差异的。如果说道德教育从较小的儿童就可以开始，那么严格意义上的法律教育则需要等儿童发展到一定的阶段才能开始。当然，这并不意味着在儿童发展的早期不能为法律教育打基础，在儿童较小的时候可以开展“前法律教育”，即规则的教育[2]，为未来的法律教育打下基础。

（三）两种教育融合限度的处理方式

鉴于道德与法律的不同，以及道德教育与法律教育的差异，在小学《道德与法治》统编教材中，编写者又该如何处理两种教育融合的限度呢？

---

[1][2] 高德胜．法律教育与德育课程[J]．课程·教材·教法，2016(2)：68-73．

1. 对不能整合的主题不作机械整合

在小学《道德与法治》统编教材中，针对那些属于道德领域的，且无法找到法律教育融合点的课文，编写者就没有机械地在其中融合法律教育。如三年级下册第10课《爱心的传递者》[1]就属于道德领域的课文，主要讲了“我们都有爱心”和“善于帮助别人”两个方面的内容。乐于助人和善于助人都属于道德的要求，而非法律的要求，如果把这种道德要求转变为法律要求，反而会伤害道德，阻碍人们道德选择上的自由。因此，编写者就没有机械地融合法律教育的内容。再如，三年级下册第3课《我很诚实》[2]也属于道德领域的课文。基于儿童发展阶段的特点，编写者把三年级学生的诚实问题主要定位于心理问题，而非品质问题，更没有上升到法律层面的欺诈问题，编写者也没有机械地融合法律教育的内容。同样，对于那些属于法律领域的，且无法找到道德教育融合点的课文，编写者也没有机械地在其中融合道德教育。比如，在法治专册中关于国家机构的内容和人民代表大会制度等内容，就没有融合道德教育的内容。

当前，虽然课程名称由“品德与生活（社会）”改成了“道德与法治”，但是教材编写者不能因此就认为，所有的课文中都必须既有道德教育的内容，又有法律教育的内容。如果机械地把道德教育和法律教育融合在一课中，那么就会在学理上模糊二者的界限，其结果是

[1] 中华人民共和国教育部．义务教育教科书道德与法治：三年级下册［M］．北京：人民教育出版社，2018：64-69．
[2] 中华人民共和国教育部．义务教育教科书道德与法治：三年级下册［M］．北京：人民教育出版社，2018：16-21．

一方面不利于道德教育，因为这样会把自律的、软性的道德转化成他律的、刚性的法律，会伤害人们在道德上的自由意志；另一方面也不利于法律教育，因为这样会把他律的、刚性的法律转化成自律的、软性的道德，也会破坏法律强制性的一面。机械地融合二者，除了在学理上说不通，还会导致在实际的教材编写和教学设计中出现逻辑不通、思维跳跃等问题。因此，本课程虽名为“道德与法治”，但并不意味着在每一课的教材设计和课堂教学中都要涉及道德教育和法律教育，二者的整体性是体现在整套教材中的。

2. 区分道德教育与法律教育的层次

在小学《道德与法治》统编教材中，除了一些不能融合道德教育与法律教育的课文，还有很多可以融合两种教育的课文。因为小学德育课程本来就是一门综合性课程，一种与儿童生活整体性相对接的课程。对于这类课文，我们首先要确定的是道德教育与法律教育不同层次的定位问题，即道德教育追求的是一种高尚的选择，而法律教育追求的则是一种底线的保障。在一个儿童生活场景或者生活事件中，教材既要让儿童看到法律所规定的底线，也要让儿童看到道德所倡导的高尚选择。换言之，在教材中既要体现这两种教育的互补，也要看到它们的界限。如在三年级下册第13课《万里一线牵》[1]中，在儿童通信交往的生活场景中，教材既融合了通信文明的道德教育，也融合了信息安全的法律教育。对于儿童而言，通信交往中的安全是一项刚性

[1] 中华人民共和国教育部．义务教育教科书道德与法治：三年级下册［M］．北京：人民教育出版社，2018：82-89．

要求，它既是对儿童的保护，也是对儿童的约束。而通信交往中的文明礼仪教育，则是一种软性要求，一种高尚的选择。再如，在四年级教材下册第4课《买东西的学问》[1]中，教材既讲到了《中华人民共和国消费者权益保护法》对消费者权益的保护，也谈到了购物中的文明礼仪问题。前者属于法律教育的内容，旨在让儿童知道我们的消费生活受到法律的保护和约束，让儿童体会到法律所规定的底线；后者则属于道德教育的内容，旨在让儿童知道在消费生活中自己的行为也会涉及道德问题，应该选择文明的购物方式。

事实上，教材中道德教育与法律教育的不同层次，也体现出道德教育强调的是自律，而法律教育强调的是他律。这种区分可以更好地让儿童认识到在社会生活中道德与法律是两个重要支柱，道德与法律互为补充，即道德是从高贵选择的角度来完善我们的生活，而法律则是从底线限制的角度来完善我们的生活。

鉴于道德与法律、道德教育与法律教育的不同，我们不可机械融合两种教育。同时，从小学品德课程的综合性、生活性特点，以及道德与法律之间的联系出发，我们可以看到，道德教育和法律教育在一定条件下是可以融合的，也是可以相互促进的。因此，在小学《道德与法治》统编教材的编写和教学设计中，我们要针对不同的主题来考虑道德教育与法律教育的关系，既要避免将二者完全等同，也要避免将二者完全割裂。

---

[1] 中华人民共和国教育部．义务教育教科书道德与法治：四年级下册［M］．北京：人民教育出版社，2018：28-35．

第三节
儿童立场下的中国传统文化教育与德育课程

本节提要：

现代教育中的儿童立场包括：儿童是人，要承认童年期的独立价值；儿童还是儿童，要尊重儿童的独特性；儿童是未来人，是理想社会的实现者。传统文化教育亟需儿童立场，因为它是实现传统文化教育现代转型的时代要求，是提升传统文化教育实效性的必由之路，也是推动传统文化自我发展的重要保证。儿童立场下的传统文化教育，在教育目的上，应该是定位于提升儿童文化素养的教育；在内容选择上，应以积极内容为主，消极内容为辅；在教材架构上，应将体系化的知识渗透于儿童生活的逻辑之中；在教学策略上，应从儿童感兴趣的事件或经验出发。

一、现代教育中的儿童立场

什么是教育中的儿童立场呢？简单地说，就是站在儿童的视角看待教育问题的立场。现代教育中的儿童立场包含三个基本的观念。

（一）儿童是人，要承认童年期的独立价值

现代教育中的儿童立场首先意味着要承认儿童拥有与成人同等的

人格和尊严。虽然儿童不是成人，但他们也绝不是成人的附庸。事实上，正因为儿童具有人的本性，才为他们今后的成长提供了可能。对于儿童是“人”的观念，虽然大多数人都知道，但在现实中又往往有意无意地违背它。比如，人们常常会用未来的功利性目标作为唯一的标准，来衡量儿童当下生活的价值，如果儿童在未来没有实现这个目标，那么人们就会认为他们当下所从事的一切事情都是没有价值的，即使儿童在此过程中获得了快乐的体验，实现了积极的成长。事实上，这种做法与不承认童年期的独立价值有关。不承认童年期的独立价值所形成的“未来”取向的教育价值观认为，教育的价值在明天，今天所受的教育，是为了明天的收获。不可否认，这样的教育价值观为教育内容的选择指出了一条思路，并在一定的意义上促进了教育的发展。但是，这样的教育价值观也有很大的弊端，即它无法让每一个儿童真正地体验此时此刻的教育价值，体验教育本身所蕴含的快乐。

杜威提出教育的无目的论，并不是说教育没有目的，而是说教育没有外在的目的，此时此刻的“生长”就是教育目的。现代心理学的研究表明，人类的学习兴趣分成两种，即直接的兴趣和间接的兴趣。直接的兴趣是指对学习活动本身的兴趣，而间接的兴趣是指对学习之外的事物的兴趣。把教育的价值放在当下，就是要让儿童更多地获得直接的兴趣，用心去体验此时此刻的教育，养成“珍惜今天”的生活方式，淡化教育的外在目的。简言之，儿童生活不仅是为了成年生活做准备。鲁洁先生指出，不关注儿童现在生活的教育不是好教育，为了未来幸福的承诺而要儿童牺牲今天种种快乐生活权利的教育是骗人的教育[1]。

（二）儿童还是儿童，要尊重儿童的独特性

除了儿童是人，儿童还是儿童，要尊重他们的独特性，承认他们拥有自己独特的认识方式和成长特点。卢梭曾指出，“在万物的秩序中，人类有它的地位；在人生的秩序中，童年有它的地位；应当把成人看作成人，把孩子看作孩子”[2]，“大自然希望儿童在成人以前就要像儿童的样子。如果我们打乱了这个次序……我们将会造成一些年纪轻轻的博士和老态龙钟的儿童”[3]。这意味着我们要尊重儿童身心发展的自然规律，尊重他们的发展阶段。卢梭认为，儿童的发展是有阶段性的，并且各阶段的发展是不均衡的。有时迅速，有时缓慢；有时如暴风骤雨，有时则平稳渐变。这意味着“儿童不但与成人不同，而且儿童本身也因年龄阶段的不同而有不同的特点”[4]。蒙台梭利也认为，儿童处在连续的和不断前进的发展变化之中，而且这种发展变化是有阶段性的，儿童在其发展变化的每一阶段都表现出与另一阶段明显不同的特点[5]。然而，现实的教育却常常忽视儿童身心发展的阶段，比

[1] 鲁洁．他们快乐吗？（一）[J]．教育科学论坛，2008(9)：1．
[2] 卢梭．爱弥儿——论教育：上卷[M]．李平沤，译．北京：人民教育出版社，2001：71．
[3] 卢梭．爱弥儿——论教育：上卷[M]．李平沤，译．北京：人民教育出版社，2001：88．
[4] 杨孔炽．论卢梭的儿童观及其现代意义[J]．教育研究，1998(1)：73-77.
[5] 霍力岩．试论蒙台梭利的儿童观[J]．比较教育研究，2000(6)：51-56.

如，填鸭式的教和死记硬背式的学。

儿童还是儿童，要尊重儿童的兴趣和需要，尊重他们特有的看待世界的方式。在现实的教育中，有人会认为，儿童是幼稚的、能力低下的，他们的提问是愚蠢可笑的，他们的探索是拙劣幼稚的，他们的游戏、幻想、涂鸦是荒唐无用、浪费时间[1]。蒙台梭利指出，“儿童的心理个性跟我们成人是截然不同的，这是一种性质上的差异，而不仅仅是程度上的差异”[2]，这正是儿童与成人难以相互理解的原因。对此，卢梭曾说过一个很有趣的例子：“雪地上有几个淘气的小鬼在那里玩，他们的皮肤都冻紫了，手指头也冻得不那么灵活了。只要他们愿意，就可以去暖和暖和，可是他们不去；如果你硬要他们去的话，也许他们觉得你这种强迫的做法比寒冷还难受一百倍。”[3]

（三）儿童是未来人，是理想社会的实现者

一方面，儿童是人，儿童的世界有其逻辑，与成人的世界是不同的，一旦成人把自己的逻辑强加给儿童，儿童世界的逻辑就会被遮蔽；另一方面，儿童还是儿童，这意味着成人并不能对儿童放任自流，成人需要对儿童实施教育，但是这种教育需要建立在对儿童世界的充分理解之上。唯有成人进入儿童的世界，理解且充分尊重它，才

[1] 蒋雅俊，刘晓东．儿童观简论［J］．学前教育研究，2014(11)：3-8.
[2] 蒙台梭利．童年的秘密［M］．马荣根，译．北京：人民教育出版社，2005：79．
[3] 卢梭．爱弥儿——论教育：上卷［M］．李平沤，译．北京：人民教育出版社，2001：82-83．

可能合理而积极地引导儿童世界的扩展[1]。换言之，教育要建立在儿童发展的可能性上。发展性的教育意味着在儿童的现状与教育目标之间要建立切实的联系，内在地激励儿童对真善美的追求，由此激发儿童自我发展的欲望与可能性。

对于儿童的教育，杜威要求我们站在“未来公民”的高度来看。因为民主社会的建构与发展，有赖于不断步入社会的儿童，他们是“理想社会”的实现者。事实上，儿童与社会之关系，就像新鲜血液与肢体之关系。社会对儿童的教育，如同人体自身之造血。社会通过对儿童进行改造，促进自身健康的生活，进而不断推动自身向“社会理想”靠近。随着成年公民肌体的衰老及劳动力的衰退，一代又一代的未成年人便成了建设社会的未来希望[2]。为了达到这样的目的，“社会必须通过教育把自己所成就的一切传递给社会的未来成员”[3]。杜威就认为，未来社会的形态或者理想取决于当下儿童学习和活动的方向。今日之儿童是未来之成人，儿童的成长关系到社会的发展和命运。正是因为有了儿童的不断加入，社会才能不断推动自身的发展和革新。学校民主的教育方式和教育氛围就有利于儿童民主性格的养成，有利于未来民主社会的建构。

---

[1] 刘铁芳．日常教育生活中儿童立场如何可能［J］．中国教育学刊，2011（11）：45-48.

[2] 夏承谦，陶志琼．论杜威儿童观的社会价值取向及其现代意义［J］．教育理论与实践，2015（28）：12-15.

[3] 杜威．学校与社会·明日之学校［M］．赵祥麟，等，译．北京：人民教育出版社，1994：27.

二、传统文化及其教育亟需儿童立场

为什么传统文化及其教育亟需儿童立场呢？笔者认为有如下三点理由。

（一）实现传统文化教育现代转型的时代要求

当下的传统文化教育依然是现代教育的重要部分，但面临着现代转型的问题。过去的传统文化教育在意图上更多是让学生接受传统文化改造，当学生的需求与传统文化之间发生冲突时，学生必须服从传统文化。当然，这里并非要把传统文化与学生的需求完全对立起来，也不是说传统文化会阻碍学生的发展，而是说，由于自身的抽象性和系统性，传统文化无法适应学生多样化的真实生活，二者相遇时难免会产生冲突。此外，过去的传统文化教育更在意教育的未来价值，而忽视教育的当下价值，而现代教育中的儿童立场除了关注教育的未来价值，更关注教育的当下价值，这就会造成一种教育意图上的冲突。

在教育内容上，过去的传统文化教育往往选择经典的内容。虽然经典的内容有其价值，但因其成人化、系统化和理性化的取向，则会造成它与儿童经验之间的冲突。经典的内容之所以成为经典就在于它是经过人类长时间的积累和总结而成的，它是权威性的象征，也是正确性的象征。在它的面前，儿童经验是不完善甚至是不正确的，是低价值甚至是无价值的，这就必然导致过去的传统文化教育排斥儿童的经验。正因如此，过去的传统文化教育在教学方式上，也更多采用缺乏启发性的灌输方式，即一种知识化的教学思路[1]，这是一种由外而内的注入式教学方式，缺乏启发性的灌输式教学又导致过去的传统文化教育与现代儿童立场间形成了第三个冲突。回望过去的传统文化教育与现代儿童立场间的三个冲突，当下的传统文化教育必须坚持儿童的立场，否则它又将退回到过去。

（二）提升传统文化教育实效性的必由之路

任何有效的教育都要以儿童的心理结构为基础，契合他们的内在心理需要。反之，如果教育忽视了儿童的先在状态，那么这种教育只能流于形式。杜威在《我的教育信条》中明确指出，“唯一的真正教育是通过对儿童能力的刺激而来的，这种刺激是儿童自己感觉到的社会背景的各种要求所引起的”，“儿童自己的本能和能力为一切教育提供了素材，并指出了起点”[2]。因此，如果传统文化教育还仅仅是站在成人的立场上，没有真正地考虑儿童的心理结构、内在需求和兴趣点，那么这种教育很可能不仅是低效的、无效的，而且还会产生负面影响，让儿童对传统文化失去兴趣。

在传统文化教育中，坚持儿童立场，我们就要积极发掘传统文化中的儿童因素。只有通过发掘儿童因素，我们才可以做到寓教于乐、以小见大、润物无声，让儿童在愉快轻松的气氛中，实现传统文化与

---

[1] 杨启亮．教材的功能：一种超越知识观的解释［J］．课程·教材·教法，2002(12)：10-13．

[2] 杜威．学校与社会·明日之学校［M］．赵祥麟，等，译．北京：人民教育出版社，1994：3-4.

儿童生活的有效对接，逐渐增进他们对传统文化的了解、感受和认同，避免假大空的缺乏启发性的灌输式教育。反观现实，人们常常会发现这样的问题：为什么西方的传统节日却比我们的传统节日对中国儿童更有吸引力？虽然不能完全排除市场运作和商业炒作的因素，但是西方传统节日中蕴含着的大量儿童因素也是其中的重要原因。比如在复活节中涉及儿童因素的节日符号有彩蛋、兔子、兔子形状的糖果等，涉及儿童因素的活动仪式则有画彩蛋、藏彩蛋、寻彩蛋游戏等。反观我们的传统节日，如春节、清明节、端午节和中秋节，人们就会发现，虽然在这些传统节日中蕴含了很多中华优秀传统文化的内容，但与西方传统节日相比，它们所蕴含的儿童因素还是较少的，并且由于我们过去的传统文化教育缺少一种儿童的立场，更是让这些已有的儿童因素没有受到应有的重视。

（三）推动传统文化自我发展的重要保证

传统文化的自我发展也需要儿童立场，因为儿童经验的进入可以丰富人类的经验，激活传统文化的再发展。在杜威看来，儿童既是社会经验和社会文化的继承者，也是再造者。在成人与儿童的共同生活中，因为儿童的积极加入，他们也会对社会经验和社会文化作出积极回应。由此，社会经验和社会文化中就有了具有活力的儿童经验的加入。杜威认为，随着社会经验在儿童经验中比例的不断提高，儿童对社会经验由适应走向了更高级别的层次，开始关注社会经验，并主动维护社会经验，在原有社会经验的基础上进行双向建构。儿童的成长过程即是社会经验不断增长、不断建构的过程[1]。基于这样的过程，儿童自动成长为“社会经验”和“社会文化”的继承者和再造者。

如果说儿童是社会生活积累下来的精神财富的载体，是社会文化的继承者和再造者，那么在社会生活进步的道路上，在社会文化得以传递和发展的过程中，作为未来人的儿童就是其中重要的环节[2]。阿伦特指出，如果没有新的、年轻的面孔源源不断地加入进来并重建我们的世界，那么它的毁灭将是不可避免的[3]。教育之所以要关注世界的持久性是因为“新人的诞生性”与“世界的持续性”之间有着密切关系，因为只有通过“新人”源源不断地诞生，并以“行动”让新的意义源源不断地涌现，“世界”才能得以持续下去。同样，只有“世界”持续地存在，“新人”才能抵御死亡的威胁，超越生存的必需性，并拥有创造意义的舞台[4]。

三、基于儿童立场的中华传统文化教育探索

如果说传统文化及其教育亟需儿童立场，那么儿童立场下的中华传统文化教育应该是什么样的呢?

[1][2] 夏承谦，陶志琼．论杜威儿童观的社会价值取向及其现代意义[J]．教育理论与实践，2015(28)：12-15．

[3] 阿伦特．过去与未来之间[M]．王寅丽，等，译．南京：译林出版社，2011：182．

[4] 章乐．现代教育的困境与“行动”的教育——兼论阿伦特的教育思想[J]．教育理论与实践，2015(16)：12-15．

（一）在教育目的上，应定位于提升儿童文化素养

从教育中的儿童立场出发，我们认为小学阶段的传统文化教育应该是定位于提升儿童文化素养的教育，而非知识化取向的教育。因为从儿童的立场出发，我们要尊重儿童，尊重他们的发展阶段。对于小学生而言，知识化取向的传统文化教育与他们的发展阶段并不匹配。换言之，小学生的传统文化教育应该定位为文化精神的涵养教育。从这个教育目的出发，就要求小学阶段的传统文化教育不应以传统文化知识的机械记忆为主要目的，而应侧重文化素养的提升，侧重传统文化对儿童生活的整体性影响。然而，在现实中却有不少小学在开展传统文化教育时，常把儿童能够背诵多少古诗和古文作为评价传统文化教育成效的重要甚至唯一的标准。对于儿童立场下的传统文化教育而言，这种评价方式是不尊重儿童的，因为它违背了儿童发展的客观规律。或许儿童能够机械地记住这些内容，但未必能理解，而且这些内容也没有与他们的生活形成直接联系，其影响是“间接的”“微弱的”。

如果说儿童立场下的传统文化教育，在目的上的定位是文化素养的教育，那么这种传统文化教育就要在以下两个方面有所突破。第一，重视传统文化与儿童当下生活的联系。只有在儿童可感可知的具体生活中渗透传统文化教育，才能真正地拉近传统文化与儿童生活的距离，并让传统文化对儿童的整个生活产生积极影响。在小学《道德与法治》统编教材中，我们就是从儿童生活中的传统文化元素入手，引导儿童体验生活中的传统文化，增强他们对中华传统文化的亲切

感。如在四年级下册第10课《我们当地的风俗》[1]中，我们引导学生在回忆、分享那些伴随他们成长的风俗中体会中华民族“尊老爱幼”的传统美德。第二，重视传统文化中的内在精神的教育。既然小学阶段的传统文化教育是文化素养的教育，那么我们就应该重视传统文化中的内在精神对儿童潜移默化的陶冶作用。

（二）在内容选择上，应以积极内容为主，消极内容为辅

传统文化纷繁复杂，有精华，也有糟粕。选择积极的内容有利于传统文化的传承，适当选择消极内容则有利于儿童批判意识的培养。基于儿童的立场，我们认为小学阶段的传统文化教育应该考虑儿童的年龄特征，以积极内容为主，消极内容为辅。心理学的研究表明，一般而言，对于理解能力较低的人，应该侧重正面的教育，而对于理解能力高的人，则应该采用正面和反面结合的教育[2]。对于小学生，尤其是低年段的小学生而言，他们的是非对错的辨别能力还比较弱。因此，在小学《道德与法治》统编教材中，我们开展中华传统文化教育时应侧重积极内容的教育，努力把能表现中华传统文化中“个人修养”“家国情怀”和“社会责任”等进步思想的文化元素筛选出来，融入教材，形成促进其成长的正能量。

当然，在内容选择上以积极内容为主，并不意味着要回避适当的消极内容。因为，传统文化的继承并不是一成不变地“照单全收”，

---

[1] 中华人民共和国教育部．义务教育教科书道德与法治：四年级下册［M］．北京：人民教育出版社，2018：72-74．
[2] 黄向阳．德育原理［M］．上海：华东师范大学出版社，2000：167．

而是带有批判性的扬弃。在这个扬弃的过程中，我们也要培养儿童对传统文化的反思和批判意识。这不仅有利于克服中华传统文化中的糟粕，也有利于中华传统文化与时代精神的对接。如在四年级下册第10课《我们当地的风俗》[1]中，教材不仅引导学生体会风俗中“尊老爱幼”的做法，而且还引导学生反思风俗中不文明的做法。事实上，选择适当的消极内容是必要的，如果教师进行合理和有效的引导，则有助于培养学生的批判意识，进而从反面加深学生对中华传统文化的认识。

事实上，以积极内容为主、消极内容为辅的内容选择原则，有利于学生形成真实和包容的人格特征。一方面，如果让学生从积极和消极两个方面认识中华传统文化，会逐步养成真实的人格特征。反之，如果学校的教育只强调积极内容，不让学生了解消极内容，而学生在日常的生活中又发现了这些消极内容，面对这种冲突，学生很可能对学校教育产生怀疑，认为学校是虚伪的，长此以往，学生很可能会逐渐形成虚伪的人格特征。另一方面，如果从正反两个方面认识中华传统文化，有利于学生养成包容的人格特征。

（三）在教材架构上，应将体系化的知识融于儿童生活的逻辑之中

成人立场的传统文化教育往往优先考虑内容的正确性和系统性，不承认儿童经验的价值，故而往往会严重削弱教育的实效性。儿童立

[1] 中华人民共和国教育部．义务教育教科书道德与法治：四年级下册［M］．北京：人民教育出版社，2018：72-81．

场的传统文化教育则优先考虑内容的适切性和趣味性，承认儿童经验的价值。虽然这种传统文化教育在系统性上显得不足，但是学生更感兴趣，教学实效性也更高。由于以往的教材设计更倾向于成人立场，优先考虑的是传统文化知识的系统性，导致人们最容易犯的一个错误就是，用外在于学生生活自身的体系化覆盖学生生活。为了避免这种错误，我们认为，小学《道德与法治》统编教材中的中华传统文化教育应该始终站在儿童生活的立场上，将体系化的要求渗透于儿童生活的逻辑之中。

不可否认，中华传统文化有其内在的体系，梁漱溟先生就认为“中国文化是一个整体（至少其各部门各方面相连贯）”[1]。既然要依据儿童生活的逻辑来组织中华传统文化的内容，那么在小学《道德与法治》统编教材设计中，我们就应该以分散的思路为主开展中华传统文化教育。分散的思路是指在儿童生活的具体事件中，渗透或者融入中华传统文化教育。这种思路不仅可以有效地整合中华传统文化教育与其他教育，也有利于中华传统文化教育自身的整合。在小学《道德与法治》统编教材中，我们就尝试在有关的课中积极地渗透中华传统文化教育，如在四年级下册《说话要算数》一课中渗透守信教育。相反，集中的思路就是在专门的教材、册次、单元或者课中进行教育，这种做法虽然系统性强，但有脱离儿童生活的危险。

虽然依据儿童生活的逻辑组织传统文化的内容，难以保证中华传统文化自身的内在逻辑，但是这并不意味我们不需要考虑传统文化教

[1] 梁漱溟．中国文化要义［M］．上海：上海人民出版社，2011：29．

育的层次化问题。我们还是需要根据儿童发展阶段的特点，区分不同年段的传统文化教育的内在层次。

（四）在教学策略上，应从儿童感兴趣的事件或经验出发

儿童立场下的传统文化教育，该如何进行呢？第一，从学生感兴趣的生活事件或者已有的生活经验出发。在涉及中华传统文化教育的相关主题时，教材编写者和实施者都需要努力拉近中华传统文化与儿童的距离，设身处地地站在儿童的立场上选择教育的内容和范例。比如，在讲中国人"尊老爱幼"的传统美德时，我们就可以从包含儿童因素的风俗切入，如"报喜"的风俗、"十二生肖"的风俗、老人"过寿"的风俗等，在回忆、感知这些风俗的同时，引导学生体会风俗背后蕴含的长辈对晚辈，或者晚辈对长辈的美好祝愿。之所以要这样做，是因为教材不能以抽象的道德概念、理论体系为基本内容，否则又会回到"德目"的老路上去。如果从儿童的生活出发，不仅有利于拉近传统文化与儿童生活的距离，也有利于提升传统文化教育的实效性。儿童只有在具体的生活场景中才能理解传统文化，感受传统文化的内在精神。

第二，对接课堂教学和学生生活中富有童趣的传统文化活动。一方面，我们要努力发掘中华传统文化中儿童感兴趣的，积极健康的，且不存在安全隐患的活动和游戏。比如春节中的剪窗花和制作中国结，元宵节中的做灯笼和猜字谜，清明节中的制作风筝和放风筝，端午节中的拔河和制作香囊，等等。另一方面，要积极建构传统文化可能蕴含的儿童因素的活动。我国很多传统文化都与饮食有关，可以开展有关传统饮食文化的活动。在春季的相关节日里，教师可以带着学生观察、采摘、品尝野菜等。在秋季的相关节日里，教师可以带着学生采摘、品尝瓜果等。当然，教师也可以结合本地区的特色和文化传统，积极探索其他包含儿童因素的活动，通过这些活动实现中华优秀传统文化与儿童生活、儿童经验和儿童兴趣的有效对接，提升中华优秀传统文化教学的实效性。

第三章
以道德学习为核心的教材与教学

本章导引：

目前，生活德育论已经成为小学德育课程的核心理念。虽然这一理论对小学德育课程的完善发挥了重要作用，但也面临着反思和深化的问题。比如，生活中道德学习是如何发生的，依然有诸多尚未阐明的地方。因此，道德学习理论的修订与完善，道德学习实践的总结与创新，将是生活德育走向深化的着力点。

本章的三节内容分别从三个层面进行探索与思考：从理论研究层面思考生活中的道德学习是如何发生的，从教材编写层面探索如何以学习活动为核心建构教材，从教材与教学互动层面揭示新教材如何引领以道德学习为核心的教学转向。

第一节
生活中的道德学习是如何发生的

本节提要：

道德教育理论与实践必须以对道德学习的洞察为基础。已有的道德学习理论虽然各有贡献，但也存在这样那样的不足，因而发展出一种新的道德学习理论十分必要。从道德学习在生活中的发生来看，我们以先天的道德本能为基础，通过接受暗示、服从要求、行动、选择与思考等方式进行道德学习。不同的道德学习方式不是孤立存在的，而是交互融合在一起的，你中有我，我中有你。道德学习实质上是存在性的，而不是认识性的。道德学习正是在生活与存在的过程中实现的。

世纪之交，德育研究相当活跃，多种理论范式相继提出、彼此争鸣。这既是改革开放以来我国教育领域思想解放的自然结果，也是教育理论界自觉探索道德教育走中国道路的反映。生活德育论就是在这一背景下提出的，有理论的反响，也有实践上的运用，产生了广泛影响。近年来，德育理论研究相对沉寂。沉寂也许是好事，热闹之后需要沉淀。生活德育论虽然成绩斐然，但也不能停滞不前，有待进一步反思和深化。道德教育理论植根于道德学习理论，在这个意义上，后者比前者更为根本。正是这个原因，教育史上的不同时期，总有“道德是否可教”的疑问冒出来，却没有“道德是否可学”的质疑。一种道德教育理论能否“立得住”，关键还是要看其道德学习理论。实际上，生活德育是德育的基本原理，从古代的孔子、苏格拉底、亚里士多德，到近代的杜威、陶行知，他们都是生活德育的倡导者、力行者。但生活中道德学习是如何发生的，依然有诸多尚未阐明的地方。因此，道德学习理论的修订与完善，将是生活德育深化的一个可行的着力点。

在道德学习问题上，科尔伯格的认知发展阶段理论贡献巨大、影响深远。但这一理论的缺陷也是明显的。第一，即使三水平六阶段的发展规律是普遍的（他的弟子吉利根已经指出女性的道德发展与此不同），这也只是道德认知发展的规律。但道德不单是认知的，道德学习当然也不只是道德认知的发展。第二，道德认知发展阶段只是总结了人的道德判断发展的阶段性规律，描述的是每个阶段的特征，但在每个阶段道德学习是如何发生的，即道德学习的基本机制到底如何，依然是不明确的。第三，这一理论过于突出每个发展阶段的差别，忽视了不同阶段在道德学习上的共同性。实际上，即使是差异巨大的最低阶段和最高阶段，也有一些共同的基本道德学习机制，如接受他人的明确要求和接受他人的隐含暗示。

在国内德育学界，系统化的道德学习理论较为少见。王健敏在《道德学习论》一书中建构了自己的道德学习理论，将道德学习描述成“依从性道德学习”“认同性道德学习”“信奉性道德学习”三种状态[1]。这一道德学习理论虽然也隐含着道德学习的阶段性（不同状态其实也是不同阶段），但理论重点不在阶段性，而在于道德学习发生的不同方式，即通过对社会规范的依从、认同、信奉来实现。这一理论的可贵之处在于不是静态地描述道德发展的不同阶段图景，而是聚焦道德学习发生的社会心理过程。但这一理论也有它的不足。第一，关于道德与道德学习概念的界定，它将道德等同于社会规范，将道德学习等同于社会规范的学习[2]。确实，道德有社会规范的维度，或者说道德可以以社会规范作为存在形态之一，但社会规范与道德还是不同的。道德的根基在于人心，社会规范如果违背了深植于人心的善良，也会走向道德的反面。第二，这种道德学习观的外烁性比较明显，道德学习变成了单纯的对社会规范的依从、认同、信奉，学习者本身具有的内在的、等待发育生长的“道德种子”反而没有了存在的空间。第三，单从社会规范学习的角度来看，这三种学习状态或学习形态只是一种理论分类，在实际运行中是交织在一起的，不存在纯粹从依从、认同到信奉的线性发展过程。

笔者在《道德学习在生活中是如何发生的》一文中对道德学习在生活中的发生有过一个初步的探索：“生活中的道德学习是以我们拥有的道德本能为基础，通过接受暗示、非反思性选择和自主选择的交互作用而实现的”[3]。这一探索的贡献在于道德学习的生活性，即揭示

[1] 王健敏．道德学习论［M］．杭州：浙江教育出版社，2002：53-85．
[2] 王健敏．道德学习论［M］．杭州：浙江教育出版社，2002：1-5．
[3] 高德胜．道德学习在生活中是如何发生的［J］．南京师大学报（社会科学版），2004（2）：76-80．

了道德学习在生活中的“悄无声息”性。作为人，我们是生活者，在生活的过程中，没有专门去学习道德，却在不知不觉中通过接受他人的暗示，自己不假思索地选择而学习了道德。现在重新看这一理论构架，也有明显的漏洞。第一，忽视了人在道德学习上的主动性。人不是被环境支配的被动者，而是主动的行动者，这一点从小孩子身上就能看得出来：小孩子总是不停地活动着。正是在行动中，我们从环境、从他人对自身行动的反应中展开学习，随之道德本能也在行动中得到生长和发育。一般意义上的行动，即非专为道德的活动也具有道德学习的意义，何况对榜样、偶像人物的效仿、崇敬这一类专门的道德学习性活动更具有道德学习意义。第二，在道德学习中，习惯是一个重要的机制，亚里士多德说“道德德性通过习惯养成”，但这一探索没有给习惯应有的重视和位置。第三，人是社会性存在，我们不仅从他人那里接受暗示，而且从他人那里接受明示。他人的赞同与批评其实就是对我们的道德要求，作为群体成员，我们不可能完全无视他人的道德要求。对他人道德暗示的接受是道德学习，对他人明确道德要求的服从也是道德学习。原来的探索，强调了道德学习的暗示性，忽视了道德学习的要求性。这些问题的存在，说明这一道德学习理论有很大的修改与完善的空间。

一、道德本能：道德学习发生的前提

在《道德学习在生活中是如何发生的》一文中，笔者主要从生物学、进化论的角度阐述了“人是道德的动物”这一命题。作为社会性动物，在人类生活的早期，我们已经形成了“原型道德”，这既是人之所以为人的标志，也是使人类从自然界脱颖而出的力量。诚如达尔文所言：“在人类进化层面上，最有力的推动者是对‘道德意识’的系统需求。”[1]单个人即使有智能，与猛禽怪兽相比，也是不堪一击，但爱与道德却犹如魔法，使脆弱的个体团结在一起，产生了其他物种不可企及的能量。可以说，从人类诞生的那一天起，其他物种都不再是人这一物种的对手，都无法再对人类构成实质性威胁。能够对一个人类部落种群构成威胁的，除了严酷的自然环境，就只能是其他部落种群。在适应自然环境、与其他部落种群的竞争中，道德再一次起到了关键性作用。那些群体内道德良好、能够团结合作的部落种群生存、延续下来的概率要大得多，而那些道德蜕化、没有合作精神的部落种群则多数走向了灭亡。在这个意义上，如果说自然界是适者生存，那么人类群体则是“德者生存”。

过去我们总是从生理反应来推断人的道德本能，比如，我们普通人对同类尸体都有一种自然的本能反应，第一次解剖同类尸体时都会恶心、呕吐。这种生理反应是阻止我们残害同胞的力量，或者说是在我们的身体中已经“预装”了不残害同类的“先天设备”。当然，这些都是从生理反应倒推道德本能。“镜像神经元”的发现证实了这一推测的正确性。1995年，神经科学家贾科莫·里佐拉蒂发现大脑里

---

[1] 洛耶．达尔文：爱的理论［M］．单继刚，译．北京：社会科学文献出版社，2004：12．

存在着一种能够模仿外在世界和他人的神经元，“镜像神经元让我们不是通过推理，而是直接以模仿的方式来理解他人的思想”[1]。也就是说，人类的大脑已经“预装”了镜像神经元这一“硬件”，以使我们能够直接体会他人的情感、理解他人的思想，这就是为什么我们能够对他人的快乐、痛苦感同身受的生理基础。

对道德本能的思考有比进化论、生理学更加久远的哲学传统。苏格拉底和柏拉图的灵魂不朽、德性是灵魂的功能学说已经暗示了道德有先天性的维度。亚里士多德更强调人的政治性、社会性，更看重实践、习俗、习惯在德性形成中的作用，但他也并不否认道德有先天的一面，认为“德性在我们身上的养成既不是出于自然，也不是反乎自然的……自然赋予我们接受德性的能力，而这种能力通过习惯而完善”[2]。孟子说得更明确，“恻隐之心，人皆有之；羞恶之心，人皆有之；恭敬之心，人皆有之；是非之心，人皆有之”（《孟子·告子上》）。对于恻隐、羞恶、恭敬、是非等基本的道德情感，孟子用的是毫不含糊的“有”，且是“皆有”。这“皆有”是如何得出的呢？用现代学术话语来说，孟子用的是道德现象学的方法，无论谁见到一个小孩子要掉到井里，都会惊恐，甚至会挺身相救。而这样做，完全不是出于外在功利或社会要求，不是“内交于孺子之父母”“要誉于乡党”，更不是担心自己的声名（恶其声）（《孟子·公孙丑上》），完全

[1] 马陶谢克．底线：道德智慧的觉醒［M］．高园园，译．重庆：重庆出版社，2013：10．
[2] 亚里士多德．尼各马可伦理学［M］．廖申白，译注．北京：商务印书馆，2011：36．

是出于人的道德本能。卢梭的怜悯心与孟子的不忍之心不谋而合，正是怜悯心“促动我们不假思索而援助受苦之人”[1]。先于思考的怜悯心在卢梭那里同样具有孟子的“皆有”（普遍性）和根基性。后世的诸多哲学家，从不同角度论证了道德本能的存在，如库利的“本能性情感”、居友的“道德生殖力”、泰勒的“道德直觉”、弗洛姆的“根性”等[2]。

一般都会把道德本能视为一种潜能，而不是一种“实能”。但孟子却发现恻隐之心等道德本能在一定程度上是不学而会的“实能”：“人之所不学而能者，其良能也；所不虑而知者，其良知也”(《孟子·尽心上》)。由此看来，道德本能有潜能的一面，也有“实能”的一面。或者说，有些道德本能是潜能，而有些道德本能是“实能”，不能一概而论，要具体分析。当然，是潜能还是“实能”不是重点，重点在于道德本能在后天生活中能否发展变化。倪梁康指出：“正因为它是先天的本能，所以只能激发，而不能传授。”[3]这一判断有合理之处，但并不准确。

道德本能无论是作为潜能还是“实能”，都不是外铄的，确实不能传授。问题是如何理解“激发”，是单纯地“刺激出来”，还是“刺激出来”并有所发展？如果是后者，那就没有问题；如果是前者，问

[1] 于连．道德奠基：孟子与启蒙哲人的对话［M］．宋刚，译．北京：北京大学出版社，2002：16．
[2] 高德胜．生活德育论［M］．北京：人民出版社，2005：34-39．
[3] 倪梁康．心的秩序：一种现象学心学研究的可能性［M］．南京：江苏人民出版社，2010：48．

题就大了。

第一，作为潜能的本能必须得到实现、必须变成“实能”才有意义。潜能激发就是将潜能刺激出来并有所发展，使潜能变成现实。而潜能之所以是潜能，就在于其有变成真实能力的可能性，否则就不是潜能。

第二，对于作为“实能”的本能是否就是固定不变的。比如，恻隐之心是人人都有的，但随着“生平情景”或人生经历的不同，有些人的恻隐之心得到了发育、扩展，由此上升到很高的道德境界。而有些人的恻隐之心则被压抑、窒息，甚至消失殆尽，由此变得冷漠、麻木。由此看来，即使作为“实能”的道德本能，也有一个激发、呵护、孕育、生长的问题，不能任其自生自灭。

第三，人是复杂的存在，有多种多样的本能，因此也就有多种多样的发展可能性。道德本能只是诸多本能之一种，也有一个诸本能发育的竞争问题，如果它不能得到很好的呵护与滋养，使其茁壮成长，则有被其他发展壮大的本能压制、压倒的可能。

第四，本能的可变性还表现在，学习和教育可以把非本能的习俗、观念、情感变成人无意识的、非反思性的道德反应，变成一种类似于道德本能的存在，或者说是一种“后天性的道德本能”。

道德本能作为道德学习的前提，意味着没有道德本能，道德学习就不可能发生。休谟将人的德性区分为“自然德性”和“人为德性”[1]，前者是起源于人的内心、由道德本能生长而来的道德，后者是社会中人与人之间所约定的道德。对于“自然德性”，道德本能的意义不言而喻。没有道德本能，就不可能有由此发育而来的自然德性。“人为德性”或者说社会性道德，不是从道德本能中发育而来的，而是一种“人为约定”、社会规范。那么它是否与道德本能没有关系了呢？显然不是，正如亚里士多德所言，德性（亚里士多德是一个现实主义者，他所论述的德性更多的是社会性的、习俗习惯性的，更接近于“人为德性”）既不是出乎自然的，也不是反乎自然的。也就是说，“人为德性”既不是出自道德本能的，也不是反逆道德本能的。社会性道德有时空相对性，而本能性道德则更具有普遍性。具有时空相对性的社会性道德，在多种因素的作用下，在自身惯性的驱使下，有走向非道德的可能，这时候就要以本能性道德作为标准来加以矫正。从以上两个方面来看，“人为道德”或者社会性道德，虽然不直接源于道德本能，但却以道德本能为基础。

道德本能作为道德学习的前提，还在于其在人的所有道德学习方式中都起着重要作用。人是行动的生物，与环境的互动即生活。因此，道德学习的第一种方式就是行动，即通过行动来学习道德。在行动学习中，本能是动力因素之一。人在行动中所获得的道德能力，内在地包含着道德本能经由行动所得到的发育和生长。在接受暗示这种道德学习方式中，道德本能及由此而来的“自然德性”是一种下意识性的“过滤装置”，即它有着接受什么样的暗示和不接受什么样的暗

[1] 休谟．人性论：下册［M］．关文运，译．北京：商务印书馆，1983：519．

示的非意识性的选择标准。在这种道德学习中，作为标准的道德本能及“自然德性”由此得到了发展。在服从他人要求这一道德学习方式中，学习者的道德本能及“自然德性”同样是人服从与否的一个内隐性标准。虽然不那么明显，但他人要求是如何符合或者不悖逆学习者的道德本能与“自然德性”的，却很容易得到认可与服从。

他人的要求有两个来源：一个是源自道德本能的要求，比如我们经常会说“不能这样”“没有这样做的”，这些道德要求所反映的往往就是基于道德本能的普遍性要求；另一个是源自社会规范的要求，比如遵守公共秩序。从他人要求的来源来看，对他人要求的服从，本身就与道德本能有着割不断的关联。在思考与选择这种道德学习方式中，似乎理性占据主导地位，但道德本能依然有其位置。第一，本能受阻是思考的契机，有些思考是由本能受阻所引发的。第二，本能与情感情绪的联系更为直接，而情感情绪对思考与选择有着不可忽视的影响，本能借由情感情绪作用于思考与选择。第三，思考与选择不可能凭空进行，只能以包括本能性道德在内的品格状态为基础，也就是说思考与选择内在地包含着本能的力量。

二、接受暗示

人作为社会性动物，通过接受暗示的方式在不知不觉中学习是道德学习的一种主要方式。接受暗示这种学习方式的特点，即接受影响而不自知，受影响于浑然不觉之中；在接受暗示的过程中，道德本能以及过去生活所建构的品格与性情起着筛选和过滤的作用，符合或切近自身品性和偏好的影响更容易被接受，反之则容易被忽略；接受暗示多发生在影响一致的情况下，即来自他人的影响与自己是一致的，如果来自他人的影响与自己是矛盾的、相互冲突的，就会引起学习者的注意、思考和选择，接受暗示这种学习方式就会中止；等等[1]。

这里需要补充说明。一个关键性的问题是，有自主性要求的人为什么会接受来自他人、群体和社会的暗示？诚如多亚尔所言，人有自我意识，自主与健康一样是人的一种“基本需要”[2]。但人又是群体动物，有群体归属需要，离开群体，单个的人异常脆弱，根本谈不上什么自主。在这个意义上，归属是绝对的，而自主则是相对的，是归属基础之上的自主。也正是在这个意义上，杜威说，“一个人首先是群体的成员而非个体”[3]。作为群体成员，一个人首先要接受群体的规范，接受来自其他群体成员的不用言明的要求（暗示）。这是一个人被群体所接纳的“通关密码”，或者说是被群体所接纳的不言自明的前提。再离经叛道的人，也对群体之“经”和“道”有所接受，接受之后才谈得上“离”和“叛”。

每个个体来到世界上，都是一个新来者。已有世界对新来者来说是理所当然的存在，接受这个世界及其规范和要求，就是新来者首要

[1] 高德胜．生活德育论［M］．北京：人民出版社，2005：51-53．
[2] 多亚尔，高夫．人的需要理论［M］．汪淳波，等，译．北京：商务印书馆，2008：78．
[3] 杜威．杜威全集·晚期著作：第七卷［M］．魏洪钟，等，译．上海：华东师范大学出版社，2015：21．

的任务。新来者一开始都是那么脆弱、那么无助，必须依赖父母、长辈的养育才能存活。我们所依赖的养育，既包括身体的，也包括精神的、心理的、社会的。我们接受父母的身体照顾，同时接受他们对我们的心理、精神的照顾，接受他们作为群体成员所传递的规范要求。

已有世界、已在的他人往往不是有意识的教育者，他们给我们的影响多是无意识的，否则就成了“明确的要求”，这是另外一个问题（下文讨论）。已有世界“不动声色”地存在着，有着自己的运行方式和逻辑。已在的他人作为群体和社会的成员，一方面，作为社会风俗习惯的承载者，在不知不觉中传递着社会风俗习惯所要求的思考和行为方式；另一方面，作为自主的个体，他们有自己的品格和性情，这种品格与性情也会“默默言说”。已有世界及其内涵，已在他人及其品性的展露，对新来者来说都是犹如空气一样自然的存在。我们要存在，就要呼吸，在呼吸的过程中，我们很少能意识到空气的存在；我们要生活，就要纳入来自世界、来自他人的影响，在这一过程中，同样很少意识到他人影响的存在。在这一过程中，影响者和被影响者都是不知不觉的。

人是道德存在，我们周围的他人都有自身德性，他们对我们的暗示当然包括道德性的无意识要求。同时，他人又都不是纯粹的道德存在，每个人在道德上都不是完善的，因此他们给我们的暗示也不可避免地有非道德甚至反道德的无意识要求。作为道德学习者，如前所论，我们在道德上都不是“白板”，都有来自道德本能和生活历程的品德结构。品德结构是我们的“无意识选择器”，对来自他人的暗示进行着无意识的选择。同样，我们每个人的品德结构也不是完善的，有着这样那样的缺陷和问题。正因为如此，它在吸收道德无意识要求的同时，也会吸收非道德的、不道德的无意识要求。这都说明了通过接受暗示所进行的道德学习是粗放型的，缺少意识选择性，在学到好东西的同时也可能接受坏的影响。

那么，如何才能保证有更多好的影响、更少坏的影响呢？第一个关键因素是影响源。由于暗示是非意识性的，是不自觉发出的一种影响，那么作为影响源的道德品质就成了决定性因素。比如，一个品端行正的老师自在、自然地工作，与学生交流，并没有刻意去影响、教育学生，却已给了学生良好的道德影响。这影响不是来自教师有意识的道德教育，而是来自其品格魅力的自然散发。在学校教育中，不仅具体的他人是影响源，作为机构的学校也是影响源。一个学校，如果风气良好，有正气、有品格，自然会产生良好的影响。反之，一名教师、一所学校，如果品不端、行不正，即使在外在的约束下没有教唆学生去做坏事，实际上已经对学生产生了不良影响。第二个关键因素是学生自身的品性。如前所论，学习已有的品性或品德结构是接受外在影响的“选择器”。已有的品性反映的是人的道德偏好，对他人暗示起着筛选的作用。比如，一个正直的人更容易接受正直的影响，一个自私的人则更容易接受自私的暗示。由此看来，一个人的天性和早期家庭生活所奠定的基本品性，在道德学习中所具有的重要作用不容忽视。

接受暗示作为一种道德学习方式，与其他道德学习方式不是割裂的关系，而是交织互融的。道德本能是接受暗示的“选择器”，在这一过程中，道德本能也得到了滋养和发育。同时，我们从已有世界和已在他人那里习得的风俗习惯本身既有社会规范的元素，也有道德本能的元素。这是因为风俗习惯不是在道德本能之外无中生有的任意创造，而是人性要求的反映。他人不自觉的要求，如果被我们不自觉地接受了，社会心理影响过程的发生就比较顺畅。如果我们总是忽视他人无意识的影响，就会引起他人的警觉，这时候暗示就会变成明确的要求。如果来自他人的暗示与自己并不一致，就会促发学习者进行道德思考与选择。同时，我们通过接受暗示所形成的品德结构不仅是我们进行道德思考和选择的基础，而且可以成为道德思考和选择的对象。同样，我们通过接受暗示所涵养的品性，既是我们行动的基础，也会在行动中得到检验，或者通过行动得到修正、提升，或者通过行动而被抛弃。

三、服从要求

他人不但会在不自觉的情况下给我们各种暗示，还会对我们提出各种各样的道德要求。这种明确的道德要求，既有来自个体的，也有来自群体的和社会的。每个人的成长都离不开家庭的养育。在家庭中成长的每个人，都会收到来自父母和家庭的道德要求，包括应该去做什么样的事（期待性要求）和不能做什么样的事情（禁止性要求）。每个人都会生活在各种层次、各种类型的群体中，而不同层次和类型的群体也会对我们提出明确的道德要求。同时，作为社会成员，我们也会感受到来自社会的道德要求。

他人（包括作为个体的他人与作为群体和社会代表的他人）为什么能对我们提出道德要求呢？首先，人是道德存在，他人作为人类一员，对自己有道德要求，对我们当然也有道德要求。反过来也是一样，我们把自己当作道德主体，也把别人当作道德主体，对自己有道德要求，对别人也有道德要求。其次，如前所论，我们每个人既是独立的个体，也是群体和社会的成员，都会自觉或不自觉地代表群体、社会说话，在特定情况下，甚至会代表人类、代表道德说话。比如，在遇到特别败德的事情时，很多人都会说：“没有这样的！”这句话的潜台词就是，作为人，没有这样做的。

他人要求有直接和间接两种方式。直接要求又可分为正面要求和禁止性要求。正面要求就是直接要求我们去做正确的事情、道德的事情，如尊敬他人、礼貌待人等；禁止性要求就是不能做什么样的事情，如不能说谎、不能欺负弱小等。既然是明确的要求，从道理上讲都应该是直接的，但为什么还会有间接要求呢？这是因为他人对我们的要求虽然是明确的，但提出要求的方式却是间接的。间接要求可以通过赞同和否定（批评）两种方式提出。他人用肯定来间接地对我们提出要求，告诉我们这样的言行是对的，应该坚持，应该继续，应该有更多类似的言行。同样，他人也会用否定（批评）来间接地对我们提出要求，明确这样的言行是错误的，应该立即停止，不能再犯。

成年人对青春期少年的逆反与不服从印象深刻，似乎他们的不服从是常态，而服从则是非常态。其实，人生发展的每个时期都有自己的特点和问题，现代心理学对青春期的描述可能存在偏见，实际上在青年期、成年期，我们对外在要求的不服从也许并不比青春期少。

对来自他人的道德要求，有自主性要求的人为什么服从多于拒绝呢？

第一，如前所论，人是群体动物，有归属与接纳的基本需要。被他人和被社会排斥、孤立，对人来说是最大的惩罚，会带来无法承受的痛苦。要避免这种痛苦，就要接受群体规范，这是被群体接纳的基本条件。他人的道德要求，并不仅仅是作为个体的他人所提出的要求，往往是代表群体、社会甚至是人类所提出的要求。拒绝这种要求，往往就意味着拒绝群体、社会甚至人类的要求，就意味着被群体和社会排斥在外。

第二，我们明白，他人对我们提出道德要求，实际上包含着对我们的爱和期待。他人对我们的爱与对我们的要求是一体的，道德要求就是对我们爱的体现。正是因为爱与要求的一体性，我们对道德要求的接受才更为顺畅。来自陌生人的道德要求，虽然与亲近之人的道德要求有很大的区别，但也意味着这是陌生人对我们作为人的尊重与期待。正是因为他人将我们视为有尊严、有道德的人，才会对我们提出道德上的要求。

第三，我们是道德存在，对自己也有道德要求和道德期待，他人的道德要求如果契合了我们自己的道德需要，就是内外交汇贯通的，接受起来就没有障碍。

第四，即使是从自主需要的角度来看，作为社会性存在，我们也不可能无视他人的评价。事实上，每个人都难以回避他人的赞同与批评。他人的赞同会有力地增强我们的自尊与自信，给我们更加自主的感觉；他人的批评则会使我们回到自身，促使我们反省自己。总之，人是关系性的存在，与他人在一起是我们根本性的存在形态。我们虽然有自主性，但不能无视来自他人的道德要求。正如杜威所言：“正当、法律、责任（道德要求）来自人类紧密地相互支持的联系，它们的权威力量来自把人们联系在一起的关系的真正本性。”[1]

如前所论，对来自他人的道德暗示，我们都是在不自觉中有所“选择”的，对他人明确的道德要求更不可能照单全收。人对道德的理解，既有共识，也有差异。他人的道德要求，在他人那里可能是理直气壮的，但在被要求的人那里则可能是有道德瑕疵的，或者是过分的，这时候，被要求者往往不会服从。道德问题从来都是复杂的，来自他人的道德要求即使是道德的，也会有一个价值优先性问题。比如，如果他人的价值排序与我们的价值排序不同，就会出现价值优先性的矛盾，我们就可能基于自己的价值排序拒绝他人的道德要求。如果他人的道德要求与我们自身的道德要求发生矛盾或冲突，就会引发我们的思考与选择，进而作出服从某种要求、拒绝另外一些要求的决定。当然，服从还是拒绝并不单是取决于道德要求自身的性质，还与道德要求发出者在我们心目中的地位密切相关。如果一个人在我们心目中地位异常重要，其提出的道德要求即使存在某些问题，我们也不

[1] 杜威. 杜威全集·晚期著作：第七卷 [M]. 魏洪钟，等，译. 上海：华东师范大学出版社，2015：174.

会轻易拒绝。

对道德要求的服从是道德学习，对道德要求的拒绝同样也是道德学习。一方面，我们不会轻易拒绝，这是要经过思考与选择的，也就是说，拒绝是道德思考的开始，拒绝就意味着道德思考的展开，意味着从服从到思考的过渡；另一方面，正是在拒绝中，我们更加明确自己的道德坚守，即什么是自身所看重的道德价值。如果说接受是以外在要求来使自身成长，那么拒绝则是用否定来使自身内在力量得到激发、确认和巩固。

总体上看，服从还是意识性的，只不过有时候我们未将服从的意识再意识化，表现出自动化、下意识性。服从从表面上看是对外在要求的接受，似乎印证了道德学习的外在性。外在社会规范和道德要求确实是我们学习道德的重要渠道之一，这一点毋庸置疑。但我们也不能因此推断出道德学习的外铄性，原因在于服从实际上意味着“选择”，而“服从的选择”标准其实是内在的，即我们内在的道德品性是我们服从还是拒绝外在道德要求的尺度。我们以自身道德品性和偏好为标准来“决定”是否服从外在道德要求。这一过程也使我们的内在道德品性得到滋养。在这个意义上，“服从”这一道德学习方式所印证的不是道德学习的外铄性，而是道德学习的内外交互性。

四、行动即学习

人是行动者，活着就是行动着，一旦行动彻底终止，也就意味着生命的完结。人不是抽象的存在，而是生活者，是人的生活建构了人。那么，该如何理解生活呢？笔者在《生活德育论》一书中借用阿尔弗雷德·许茨的概念，认为“劳作”是生活的首要特性，是劳作使我们与环境相连，是劳作使我们能够与他人沟通，是劳作为意义建构奠定了基础[1]。这里的劳作，其实就是行动，即由人发出的，通过身体表现出来的行动。在这个意义上，行动就是生活，生活就是行动。当我们反思生活的时候，生活被对象化、名词化，但实际上生活是要去“过”的，生活是一个动词，生活就是行动。我们通过行动与外在环境发生连接，发生交互作用，在满足自身需要的同时将自身力量投射到环境中。同时，作为社会性动物，我们必须与他人交往，而这一基本需要的满足也是借助行动的，没有行动，也就没有交往。不仅如此，我们对自身的建构，对生活意义的探寻，都是通过行动来完成的。在生活中，与环境交互作用、与他人交往沟通、自身建构实际上是交织在一起的。道德学习融汇于这些过程之中，或者说在这三种过程中都有道德学习的发生。前文所论的接受暗示、服从要求这些道德学习方式，同样不是孤立于这些过程之外的，而是融汇于这些过程之中。

道德行动是道德学习最有效的方式，正如亚里士多德所言：“我们通过做公正的事情成为公正的人，通过节制成为节制的人，通过做事勇敢成为勇敢的人。”[2]

---

[1] 高德胜．生活德育论［M］．北京：人民出版社，2005：1-5.

[2] 亚里士多德．尼各马可伦理学［M］．廖申白，译注．北京：商务印书馆，2011：36.

第一，品德不是潜能，而是“实能”。如果没有行动，就无法证明一个人真正拥有某项德性，只有在行动中体现出来，才能得以证明。我们在行动中体现出某种德性，一方面是我们拥有了这种德性，另一方面也就意味着这种德性拥有了我们。德性拥有人，即一种德性通过人让自己得到了体现，这时候我们成了某种德性的承载者。我们拥有德性，德性拥有我们，德性与我们互相拥有，体现的是人与德性的交融。

第二，通过行动学习道德是一种综合性的学习方式，其他道德学习方式都被融合了进来。我们的行动不是无缘无故的，行动的驱动力既有思考之后所确定的目的，也有来自先天的本能冲动，道德本能以行动驱动力的方式参与到行动中并在行动中得到加强。我们接受他人暗示也好，服从他人要求也好，都不是在静止中完成的，都是在与他人发生互动的行动中得以实现和完成的。同时，我们从他人那里通过接受暗示和服从要求而获得的学习成果，也将通过行动得到检验，有的得到加强、巩固，有的被削弱甚至被丢弃。虽然存在着所谓的“下意识行动”，但多数行动都是受意识支配的，行动中多有思考。或者说，在多数情况下，行动与思考是一体的。这就意味着通过行动进行道德学习，实际上已经伴随着通过思考进行道德学习。

第三，行动是形成习惯的主要渠道，我们的多数习惯都是通过行动而形成的。而习惯在道德学习中的意义，亚里士多德早已阐明：“道德德性则通过习惯养成，因此它的名字‘道德的’也是从‘习惯’

这个词演变而来。”[1]

如果我们做什么事都是为了道德，或者将所有行为都视为道德行为，我们的生活是过不下去的。实际上，生活中大量的日常活动与道德没有直接关系。那么，这些日常行动就真的没有道德学习意义吗？杜威对此曾有力地论述道：“人们作出的大量行为本身似乎是微不足道的，但它们实际上是那些涉及明确的道德考虑的行为的支持或支撑。不顾大量的日常行为和少数有明确道德争议行为之间联系的人，是完全不可靠的人。”[2]也就是说，日常生活中大量与道德看似无关的行动，实际上却是道德行动的支撑。例如，一个少年早上不赖床，可以说只是一个良好的生活习惯，与道德没有直接的关系，但它却是守时、守约、不迟到等道德行动的基础。由此看来，我们做好日常活动，虽然不是直接的道德学习，却间接地为道德学习奠定了基础。另外，我们的诸多行动，虽然与道德没有直接联系，却是我们整体品格的体现。纷繁复杂的行动，其实是由我们的品性统领的，品性是我们行动的核心。大量日常活动，既是品性的体现，也作用于我们的品性。与道德无关的大量日常活动通过对品性的反作用，从而具有了道德和道德学习的意义。

崇拜和效仿是具有专门性的、主动的道德学习方式。在儿童时期，模仿就是一种主要的社会学习方式。儿童对成年人的模仿是整体

---

[1] 亚里士多德．尼各马可伦理学［M］．廖申白，译注．北京：商务印书馆，2011：35．

[2] 杜威．杜威全集·晚期著作：第七卷［M］．魏洪钟，等，译．上海：华东师范大学出版社，2015：174．

性的，当然也包括道德上的模仿，比如儿童对布偶娃娃的关心、照顾，其实就是对妈妈关心自己行为的模仿。到了少年时期，在模仿基础上衍生出一种新的道德学习方式——崇拜。崇拜是“以真挚不渝的热情，去效仿某种可钦佩的品格的一种努力”[1]。我们一般把崇拜与效仿分开来理解，实际上它们是一体的，崇拜中自然包含着对崇拜对象品格的效仿，否则就不是崇拜。在大众传媒时代，媒体的操控性前所未有的强大，偶像制造变成了一种产业，崇拜这一学习方式也因此声名不佳。但“崇拜在一切积极向上的生活中，特别是在性格可塑造的青年时期，占有重要的地位。在性格形成时期，我们通过所佩服的楷模的观察来培养自己的品质”[2]。在性格尚未成熟阶段，虽然我们对自己的道德品行有了朦胧的感觉，但清晰的概念尚未形成，而崇拜对象或者我们选定的楷模，是理想品格的化身，给了我们前进的动力和努力的方向。崇拜对象是我们自己选择的，意味着崇拜学习中有思考和选择；崇拜不单是理性选择，里面有很深的情感投入。可以说，正是理性选择和情感投入的融合，使得崇拜这一学习方式的主动性得以凸显。

通过行动进行道德学习的另外一个维度则是习惯的形成。行动与习惯的关联是根本性的。一方面，我们可以通过行动直接形成习惯；另一方面，通过其他方式形成的习惯不仅会在身体性行动中留下痕

---

[1] 库利．人类本性与社会秩序［M］．包凡一，王源，译．北京：华夏出版社，1999：219．

[2] 库利．人类本性与社会秩序［M］．包凡一，王源，译．北京：华夏出版社，1999：220．

迹，而且会通过身体性行动体现出来。行动可以形成习惯，而习惯则可成为德性。在杜威看来，“品格”是由习惯构成的，“品格”就是习惯的互渗互联[1]。说一个人具有某种德性，也就意味着其有施行该德性的习惯。既然习惯是形成道德的有效方式，那我们就可以通过行动形成习惯这一方式进行道德学习。通过习惯进行道德学习，贵在持之以恒，一次行动不是习惯，不能凝结为品质。以节俭品德为例，偶尔一次节俭行动无法形成节俭习惯与品德，唯有长期笃行节俭，使节俭行动自动化，使节俭行动所蕴含的价值与情感“砌入”我们的身心之中时，才能使节俭成为习惯与品德。

五、选择与思考

人有各种本能，在一些情况下靠本能就能行动；人是社会性动物，在诸多情况下，按群体和社会性要求行事既可；人还是“习惯的生物”（杜威语），日常生活中按习惯行事方便而有效。但人有意识和自我意识，有思考能力，且自主性需要是人的基本需要之一，不能只过自动化、被动性的生活，否则就是对人的降格。这是选择和思考的主观要求，实际上，通过思考作出选择也是客观要求。人是选择的动物，时刻都面临着选择的要求。所谓选择，就是取舍，就是在多种可能性中进行取舍。既然是对多种可能性的取舍，我们就需要在内心对多种可能性进行“考察”，这一“考察”过程就是思考。

---

[1] PRATTEN STEPHEN. Dewey on Habit, Character, Order and Reform[J]. Cambridge Journal of Economics, 2015(39): 1031-1052.

思考有不同的类型。第一种是伴随性思考，即在其他学习方式中的伴随性思考。如前所论，接受暗示之中有选择，即接受什么样的暗示与我们已有的品德相关，而已有的品德有过去选择和思考的成分，在一定程度上也是过去选择与思考的积淀。在接受暗示的过程中，其实也是有选择的，即没有意识到的选择。既然是没有意识到的选择，就似乎没有思考的余地与空间，但深究起来，这种选择还是有瞬时发生但自己没有意识到的思考过程，即“认知无意识过程”（思维直接快速地运行，以至于无法进入意识）[1]。同样，在服从要求的过程中也有思考的伴随。对要求的服从，虽呈现出来的是没有思考、没有选择的认同，但实际上每项服从中都有快速的或意识到的或没有意识到的思考，一旦遇到矛盾与冲突，隐含在水面之下的思考就会浮出水面。在行动性学习中，思考是有构成性（必不可少）的因素。正如杜威所说，有目的的行为都是深思熟虑的，其中既有对行动目标的预见，也有对行动后果可能性的衡量，而且在行动中外显的身体活动与内在的思考过程是一体的，“并不是先有纯粹的心理的活动，然后再突然换过，变成完全不同的身体活动。这是一个连续的行为，是从一个不确定、分心、犹豫的状态转变成更明确、肯定和完整的状态”[2]。

第二种是情境化思考。这是面临选择时的思考，或者是为了选择而进行的思考。情境化或选择性思考与伴随性思考并没有明显的界

[1] 费什米尔．杜威与道德想象力：伦理学中的实用主义［M］．徐鹏，等，译．北京：北京大学出版社，2010：125．

[2] 杜威．民主主义与教育［M］．林宝山，译．台北：五南图书出版有限公司，1989：352．

限，如果是与其他学习活动结合在一起思考且不中断其他活动，就是伴随性思考；如果不得不中断其他活动，需集中精力进行思考，然后才能作出选择的思考就是情境化思考。情境化思考类似我们所说的“深思熟虑”或“慎思”，即由特定情境激发，为作出选择而需要一定时间的思考。一说到思考，我们就会自动联想到推理和计算，但杜威把“思考”理解为在想象中的“彩排”[1]。杜威的观点符合我们的经验，即当面临重要选择的时候，我们不是计算，而是通过想象将各种可能性进行彩排预演，以弄清楚每种选择的可能后果。情境化思考的意义就在于通过想象对各种选择进行“择优”，避免作出糟糕的选择。由此看来，情境化思考并不像我们通常所理解的那样是逻辑的、概念的和计算的，而是充满了想象性、故事性和戏剧性。

第三种是反思性思考。如果说情境化思考是一种“事前思考”，那么反思性思考则是一种“事后思考”。阿伦特以苏格拉底为典范，非常重视思考在精神生活中的重要地位，“从柏拉图开始，思就被定义为我与我自己之间的一种无声对话，它是与自己相伴、自足自乐的唯一方式”[2]。这种思有两个特性：一是指向自我，不是对外界的认识；二是与回忆密切相关，是对自己所作所为在想象中的重现与反思。事情已经发生，行动已经完结，那么这种事后性思考的意义何在？阿伦特从精神生活出发来阐述思的意义，即这是我们作为人与自

---

[1] 杜威．杜威全集·中期著作：第十四卷［M］．罗跃军，译．上海：华东师范大学出版社，2012：117-118．

[2] 阿伦特．责任与判断［M］．陈联营，译．上海：上海人民出版社，2011：7．

己进行对话的过程，正是在这种对话中，我们才能与自己“在一起”。我们与自己“在一起”的过程，也是一种检视的过程，即我们的所作所为是否符合自己，是否配得上自己。哈特曼的“道德追复情感”则更直接，通过事后思考，如果我们的所作所为令自己满足、愉悦，则产生一种“伦常骄傲”；如果所作所为令自己感到羞耻，则会产生道德后悔与自责[1]。伦常骄傲的作用在于强化我们的道德行动与品质，而道德后悔与自责则是我们改过迁善的力量。

如前所论，思考不是计算，但并不否认思考中道德原则的作用。在事前思考中，以及我们对后果的想象性预演中，道德原则发挥着判断标准的作用，即哪种选择会产生什么后果，显然与我们对什么道德原则的看重密切相关。比如，我们特别看重亲情，如果一种选择可能对亲情造成伤害，那么我们就会赋予这种选择以严重后果；我们特别看重尊严，如果一种选择有损于自尊，我们同样会赋予这种选择以严重后果。从这个角度看，科尔伯格以不同的道德原则作为衡量道德发展水平的标准，自有其道理。但无论如何，这种强调道德原则的道德发展理论，是对杜威想象性道德思考的补充与发展，而不是替代。

无论是事前思考还是事后思考，都具有情感体验性，这与我们以往对思考的片面理性化理解是不同的。在事前思考中，我们对一种选择后果的想象，其实就包含着情感体验。我们想象一种选择可能带来的后果，并在想象性图景中进行尝试，而非单纯的理性操作，这其中

[1] 哈特曼．道德意识现象学——情感道德篇［M］．倪梁康，译．北京：商务印书馆，2012：35．

包含着情感体验在内的综合心理过程。事后想象更是如此，通过想象，我们要么体会到对自己所作所为的满足与自豪，要么体会到对自己所作所为的羞愧与自责，由思考而走向情感体验，或者说思考过程本身就是情感体验过程。

第四种思考是整体性思考，即我是什么样的人，我要成为什么样的人这一类思考。杜威认为这种整体性的思考在人生道路选择和道德成长中的意义异常重大，“在任何重大的思虑中，实际上攸关利害之事不是量上的差别，而是一个人要变成哪种人、他要塑造哪种自我以及他正在创造的是哪种世界”[1]。因为这种思考是关于选择什么样的生活道路、过什么样的生活、成就什么样的人生的思考。

整体性思考也可以分为展望式思考和回望式思考。展望式思考是一种理想型思考，即将自己想要成为的那种人生状态在想象中呈现出来。展望式思考在人生目标的确定、价值观念的确信中起着关键作用，我们在这种对理想人格的想象中确定了奋斗目标和价值原则。展望式思考在儿童的成长中扮演着重要角色，因为孩子们乐于思考“如果我拥有这种能力，我就会……”之类的问题。如果说展望式思考集中于“我要成为什么样的人”，那么回望式思考则集中于“我是什么样的人”。在回望式思考中，人生的过往，尤其是重要的经历被重新激活了，思考者对其进行回味、反思，就是在透视自己的人格与自我状态。展望式思考与回望式思考不是截然分割的，在展望式思考中有

---

[1] 杜威．杜威全集·中期著作：第十四卷［M］．罗跃军，译．上海：华东师范大学出版社，2012：132．

回望式思考的影子，我们常用展望式思考来弥补回望式思考所发现的不足；在回望式思考中也有展望式思考的印迹，我们总是以理想自我作为标准来审视现实自我。

应该承认，能够自觉地进行整体性思考的人并不常见，而那些真正能够做到自觉思考的人，其所取得的人性与道德成就也非常人所能企及。例如，苏格拉底念念不忘“人应该如何生活”这一重大问题，鄙视不经思考的、靠习俗和惯性支配的生活，他也因此成为不朽的、伟大的教师之典范。常人做不到这一点，如果生活没有变故，很多人就会遗忘自己是什么样的人，想要成为什么样的人等这类“抽象问题”，而集中精力过好眼前的具体生活。但生活有如常的一面，也有意外与变故的一面。我们日常所理解的意外与变故，在博尔诺夫看来就是遭遇，“突然闯入人的生活，突然地、往往是令人痛苦地中断正在进行的活动,使之转向一个新的方向”[1]。遭遇中断了我们正在过的生活，中断了生活的连续性，甚至会引发自我认同危机，迫使我们去思考自己是一个什么样的人、想要成为一个什么样的人。作为常人，正是遭遇所提供的时机，为我们对自己的整体生活与自我提供了一个进行全面检视的契机。

在思考的几种类型中，有一个心理机制至关重要，那就是想象。情境化思考、反思性思考与整体性思考都以想象为基础。即使在伴随性思考中，想象也在发挥作用。一方面，伴随性思考具有及时性、快

[1] 博尔诺夫．教育人类学［M］．李其龙，等，译．上海：华东师范大学出版社，1999：58．

速性的特点，不容我们细细思量，但可以成为事后思考的对象，可以成为我们进行反思的材料，可以在反思中加以重现；另一方面，即使是在伴随性思考中，也有我们没有意识到的快速的想象性预演与反思。道德思考是以想象为基础的一种包含逻辑、情感在内的整体性思考，是对现实生活的想象化预演或想象化重现。看上去与思考不搭界的叙事性、图景性、体验性，在道德思考中实际都是构成性要素。

结语：道德学习的综合性

将道德学习分为接受暗示、服从要求、行动学习、选择与思考等不同的类型，只是为了论述的方便。在实际生活中，这些道德学习方式不是截然分开的，而是交织在一起的，你中有我，我中有你。道德本能在所有学习方式中都发挥着作用，所有的道德学习方式都会反作用于道德本能，是道德本能得以巩固、生长的因素。

在这几种道德学习方式中，接受暗示可以单独存在，相对思考也可以单独存在，而服从要求与行动学习则不能单独存在，必须与选择、思考结合起来才能进行。接受暗示之所以可以单独存在，在于这种学习方式是在不知不觉中发生的。正是这种不费力不劳神的学习方式的存在，使我们在忘却道德指引与约束的同时学习道德。但这种单独存在是相对的。一方面，接受什么样的暗示，不接受什么样的暗示，与我们已有的品德结构密切相关，已有的品德结构是接受暗示的“自动选择装置”，这种品德结构是过去多种学习方式共同建构的；

另一方面，接受暗示的过程一旦受阻，就会进入意识层面，就会与选择、思考发生连接。思考意味着进入想象世界，意味着暂时退出现实世界，所以思考可以单独存在。但这种思考也是相对的。一方面，思考一旦完成，一旦作出选择，就再一次与其他学习方式发生连接；另一方面，我们的想象力、思考能力也不是凭空而有的，而是在本能的基础上通过多种学习方式造就的。更重要的是，虽然思考可以暂时"将现实世界放在括号里"，但在思考、想象中，我们还会在精神中再造一个世界。正如在现实世界中的道德学习是综合的，在这个再造世界里，我们同样要通过想象再造我们的行动、他人的态度与反应，再造其他类型的道德学习方式。

既然是交织在一起的，那么这些道德学习方式就不可能是先后关系。在生活中，我们既通过接受暗示进行学习，也通过服从要求、行动等其他方式进行道德学习，多种学习方式具有共时性，在多数情况下混合在一起。当然，也应该承认，不同类型的学习方式，在人生的不同阶段、不同的道德发展水平上，所起的作用是不同的。行动作为道德学习方式贯穿人的一生，在人生的不同阶段，都是主导性的道德学习方式。接受暗示、服从要求也贯穿一生，贯穿所有学习过程，在人生的早期与较低发展水平上，它们的作用更大。而选择与思考同样贯穿一生，贯穿所有学习过程，但在人生早期与较低发展水平上，其作用小些，而在成年期与较高发展水平上，作用就相对大一些。

道德学习的综合性还体现在每种学习方式本身都是综合的。接受暗示是一种无意识的道德学习，但这种无意识中有理性认知成分，是

"有理性的无意识"；也有情感成分，是"有情感定向的无意识"。服从要求，取决于要求本身的正当性，也取决于我们对群体的归属性，更受我们对提出要求者的情感与态度的影响。在行动中既有目标确定、判断选择等理性因素，也有情感定向、动机驱动等非理性因素。如前所论，我们习惯性地认为选择与思考是纯理性操作，但实际上却是充满情感的。知识学习是认识论的，它是将客观世界作为认识对象的一种学习方式。现代科学的统治性地位使得人们对学习的认识论理解不断扩张膨胀，挤压了我们对学习的其他理解。从道德学习的综合性来看，虽然我们并不排除认识，但道德学习主要是存在活动，而不是认识活动。我们生活，我们存在，道德学习正是在生活与存在的过程中实现的，与此同时，道德学习过程就是生活与存在的过程。

第二节
以学习活动为核心建构教材

本节提要：

教材归根结底要符合教育逻辑，教材归根结底是“学材”，德育归根结底是“学德”，这是小学《道德与法治》统编教材的理论定位。根据这一定位，编写者以学习活动为核心建构教材：单元是学习活动指向的问题域，正文是学习活动的有机构成，栏目是不同类型的学习活动，学生则是学习活动的主体。这样的教材设计，打破了德育教材的说教式结构，实现了教与学的互动共生，为学生整体生命的投入创造了条件。这种构建基于生命经验的道德学习方式，使教材的“内容律”与“教育律”得到了更高层次的融合。

经过将近六年的艰苦努力，小学《道德与法治》统编教材于2017年秋全面走入课堂。这套集社会各界之力、经过最严格审查程序的教材在诸多方面都有所创新，其中之一就是独到的学习活动设计。

一、小学《道德与法治》统编教材的理论定位

小学《道德与法治》统编教材因其特殊性，承载着诸多重大使命。为完成使命，首先就要确立准确、科学和清晰的理论定位。

（一）教材归根结底要符合教育逻辑

制度化教育都是有媒介的教育。教材是学生学习、教师授课的关键媒介。作为关键媒介，教材要解决两个方面的问题：一个是学什么、教什么，另一个是如何学、如何教。前者属于“内容选择问题”，后者属于“教与学的方法问题”。衡量前者的标准是内容的正确性、科学性，衡量后者的标准则是方法的适切性。过去的教材往往只关注“内容选择问题”，忽视了如何学、如何教。新课程改革背景下的教材建设，一个重要的努力方向就是开发“功能完满”的教材。

《道德与法治》教材肩负着进行思想道德教育的特殊使命，所以“内容选择问题”非常重要。正是这一特殊性，造成了一些人的认识误区，即只要内容正确就行。《道德与法治》教材的内容来自不同学科领域。不同学科的专家出于自身专业立场，往往会下意识地要求教材以自己学科的内容逻辑来建构，甚至有人主张课文的结构就是“论证说理”结构，即正文是观点的表达，正文之外的图片与材料就是观点的证明。这类想法与观念，实际上进入了误区。

作为国家意志的体现，《道德与法治》教材内容的正确性、科学性必须得到保证。但是，如果不结合“教与学的方法问题”来讲，那么其内容的正确性、科学性也是没办法衡量的。在教材领域，不但要看内容本身是否正确、科学，还要看其是否适合学生。从教材的角度来看，内容选择问题必须参照教与学。一套教材所选内容要适合学生，是学生可以理解的，这是最低标准。如果教材内容还能够激发学生的学习愿望，并能用引导学生学习探索的方式去呈现，那么就达到了较高的要求。

以内容为逻辑体现的是各学科知识的专业性，而不是德育课程与教材的专业性。以内容为逻辑，就要按照内容本身的内在层次将一个知识体系讲透。从内容的角度看，这没有问题，但从教学上看，就有问题了。一方面，这种一次讲透的做法，损害的正是教学上不同学段、年级、册次对同一内容的分配、铺垫、递进与上升；另一方面，内容的逻辑作为一个自在的封闭逻辑，对学生学习的逻辑有排斥性。以诚实为例，如果只以内容为逻辑，那么教材就只能呈现伦理学对诚实的解释，这种解释脱离了诚实发展的阶段性，无法实现在不同年龄阶段进行各有侧重的教育，更无法做到以诚实品德形成的规律为逻辑来设计不同层次的课文。同样，如果课文的微观结构只是一个“说理论证”结构，那么教材就变成了一个单一的“说服”存在，学生学习的动机、兴趣、主动探索则被排斥在外。此外，“说理论证”发生作用的只是学生的认知能力，而学生的情感体验、意志选择、实践感悟等道德学习方式无法进入学习过程。

总体来看，“内容选择”与“方法选择”都很重要，二者并不对立，而是相辅相成的。如果非要做一个区分，后者的要求则更高。归根结底，教材要符合教育逻辑，要重视如何学、如何教的问题。内容的正确、科学是一个底线性要求，解决好如何学、如何教的问题才是更高的要求，这也是教材专业性的体现。

（二）教材归根结底是“学材”

如何学、如何教是教材要解决的核心问题。那么如何学与如何教在教材中又是什么样的关系呢？是以教为核心，还是以学为核心？或是二者并重？以教为核心的教材往往是以教师的教为逻辑组织的，呈现的是教师授课过程的各个环节。这样的教材往往忽视学生的学。过去那种“道理+故事”类型的教材，套路或模式是设定好的，非常方便教师的讲授。在这种情况下，学生对该话题的体验、探索、理解、体悟完全被忽略了。教学本来是从学生的思想感情实际出发，对其进行引导的活动。以教为核心的教材忽略的恰恰是学生的思想感情实际，教师的教只在教材既定的轨道上运转，而对学生是否跟上“教”的运转，甚至在不在轨道上，却不管不顾。在这种教学之下，学生的经验被排除，学习的自主性无法发挥，学生体会不到学习的乐趣，教育的效果也就可想而知了。

这样的教材观与教学实践必须转型，教科书虽然名为“教材”，但是必须定位于“学材”。第一，作为“学材”的教材，体现、引导的是学生对诸多话题的学习、探究过程。学生对各种话题的探究，需要其自身经验的参与。对此，教材首先要做的就是对学生经验的唤醒、运用、整理、交流、提升。第二，作为“学材”的教材，呈现的是对学习方法的引导。学生对“有感觉的话题”有探究的热情，但他们毕竟处在成长过程中，对问题的探究有一个学习的过程，这时候方法的引导就特别重要。第三，作为“学材”的教材，体现的是学生自主探索的过程，其中有感情的投入，有尝试的方向与过程，有认知的提升，有体悟的表达与交流等。当然，教材所呈现的自主学习过程，只是一个范例，目的在于为学生的学习路径进行提示与引导。基于此，作为“学材”的教材应该为学生的学习探索留有空间。

实现教材向“学材”的转型，会不会给教师的教带来困难呢？或者说，作为“学材”的教材是否不利于教师的教呢？对这一问题的回答，关键在于如何理解教师的教。如果把教理解为对学的扶助与辅助、组织与引导，那么作为“学材”的教材就不但不会阻碍教师的教，反而会为教师的教大开方便之门。教材以学生的学为核心，其实也为教师“助学”意义上的教设计好了思路，教师要做的就是把教材“班本化”，将教材中的话题与班级学生实际情况联系起来，激发学生从自身实际状况出发进行探索。反过来，如果把教理解为讲授，理解为教师的独角戏，那么作为“学材”的教材反倒不利于这样教了。

（三）德育归根结底是“学德”

道德教育始终是小学道德与法治课程的核心。在道德教育领域，“道德是否可教”是一个古老的、颇有争议的问题。苏格拉底对一切自称能够教授年轻人德性的智者都是怀疑的。矛盾的是，极端怀疑教授德性的苏格拉底自己却也在“教授”德性，同时也因其产生的巨大影响而被他人指责为毒害年轻人。怀疑别人教授德性，自己却也在教，看似矛盾，其实并不矛盾，因为苏格拉底的教不同于那些智者的教，他的教是提醒、刺激、帮助年轻人回到自身、关心自己、认识自己，目的是帮助年轻人自主学习道德。

虽然远隔万水千山，各自生活在地球不同的地方，但孔子与苏格拉底“心意相通”。孔子也教弟子道德，他的教与苏格拉底的教取向一致。孔子的“不愤不启、不悱不发”是一种教，但更是“助学”，即对弟子自主学习的一种点拨、辅助、启发。如果说苏格拉底是通过对话、辩驳、刺激等方法帮助年轻人学习德性，那么孔子则是通过启发、守礼、榜样等方法指导、辅助弟子学习道德。我们可以从几个维度来理解德育与“学德”的关系。

第一，即使道德不一定可教，但道德一定是可以学的。一方面，人是道德存在，不学习道德，人就无法真正成人；另一方面，个体的人都有道德潜能，都有道德学习的能力。

第二，有生命力的德育一定是以道德学习为基础的德育，那种只从教出发的德育，而不考虑道德学习规律、道德学习者需要的德育，一定不是好的德育，甚至是违背道德的德育。

第三，道德不是不能教，而是如何教。一方面，从帮助学生学的角度看，道德教育是必要的，年青的一代有学习道德的需要，他们也有学习道德的潜能和内在动力；另一方面，人类发展至今，已经积累了大量经验，年青的一代没有必要对所有事物都去从头尝试，大可从人类已有经验中学习。在成长的过程中，个体处在各种力量的博弈之中，诱惑众多，需要有师长的扶助才不致走上邪路。

第四，德育的目的不是培养依赖性的人，而是培养有自主道德学习能力的人。对于自主学习能力弱一点的学生，道德教育可以给他们一些启示和帮助，但目的不是让他们产生依赖，而是让他们提高自主学习的能力。一旦被帮助者的自主学习能力提升起来，道德教育就可以退场了，而且这种退场越快越好。

德育归根结底是“学德”，是对道德学习的引导、辅助、支持，那么德育课程与教材也应该据此摆正自己的位置，从帮助学生自主“学德”的角度去实现自己的功能。从教材的角度看，如果教材“高高在上”，采用的是“告诉”学生的表达方式，那么堵塞的就是学生自主学习的需要，同时“学德”的实效也很难真正实现。教材应该做的，就是从学生成长中所遇到的种种道德问题出发，设计出“有感觉”的话题和活动，激发他们道德学习与探索的愿望，并引导这一探索过程。在这一过程中，人类已有的道德生活经验不是异己的、需要排除的事物，而是作为学生自主学习、自主探索的资源，真正进入学生的学习过程。

二、以学习活动为核心建构教材

为了实现教材的定位，我们确定了这样的编写思路：教材的显性呈现就是学生的各种学习活动，对教师的教则作隐性处理。

（一）教材的单元结构：学习活动指向的问题域

教材常用教育主题来组织单元结构。这种宏观结构的组织方法，体现的是内容优先的原则，遵循的是教育内容自身的逻辑关系，而不是学生如何学、教师如何教的逻辑来组织教材。根据教材的教育属性，我们改变了教材单元结构的形式，探索以学生学习活动所指向的问题域作为教材的基本结构。

以三年级上册为例，本册教材共有四个单元，分别是“快乐学习”“我们的学校”“安全护我成长”“家是最温暖的地方”。这四个单元不是关于学习、学校、安全、家庭四个领域的知识体系，而是学生进行自主探索所指向的四个领域。三年级的学生面临着从小学初级阶段向真正小学阶段的转换，学习上所要面对的困难、困惑增多，需要探索新的学习方式。第一单元“快乐学习”就是这种探索所指向的问题域，包括学习与自身成长的关系、学习的乐趣何在、如何做学习的主人等。第二单元的学校生活问题、第三单元的安全问题、第四单元的家庭生活问题，也都按照这样的思路进行设计。

单元作为学生学习活动所指向的问题域，当然也有教育的价值导向。教材不可能是价值中立的，必定要有鲜明的价值导向。比如“快乐学习”，虽然体现的是学生学习方式转换的探索，但价值导向清楚地指向的是快乐。对学校的探索，落脚点是“我们的学校”。“我们”是学校的主体，学生正是带着这种主体精神对学校进行探索。“安全护我成长”中的“护”就是价值导向的体现。“家是最温暖的地方”所体现的价值导向是家庭的情感。教材不仅不能回避价值导向，而且导向要更鲜明。但价值导向的给予不是生硬的，它附着于学生学习探索的问题域之中。

（二）正文：学习活动的有机构成

正文是德育教材不可或缺的组成部分。在传统的德育教材中，正文都用来表达观点。常用的正文模式是，课文开头亮明一个总体论点，然后从几个分论点进行论证，最后归纳总结。一篇课文中，正文是“骨架”，图片、案例则是“血肉”。持这种正文观的人津津乐道于“剔除‘血肉’之后，课文‘骨架’完整，逻辑严密”。这样的正文体现的是内容逻辑、论证逻辑、劝说逻辑，而将学习逻辑、教学逻辑排斥在外，显然违背了教材的教育属性。此外，这样的正文也为德育课教学的异化悄悄铺好了路，偷懒的教师根本不去思考如何发展学生的道德品质，只是让学生抄写和死记硬背正文中所谓的“知识点”。

我们在教材编写中，重新界定、设计了正文的功能。第一个功能是引入学习情境，即通过正文，将学生引入一个特定的学习情境之中。第二个功能是活动的导入，即通过正文导入一个学习探索活动。第三个功能是活动之间的连接、过渡与转换，即通过正文总结一个活动，然后过渡、转换到下一个活动。第四个功能是观点的自然生成，思想的总结与提升。多数正文的功能是复合的，具有两个甚至三个功能。

以三年级下册第2课《不一样的你我他》为例，第一个话题“找找我们的‘不同’”本身就是一个活动名称，明确是找每个人“不同”之处的活动。正文第一段“我们年龄差不多，在同一所学校、同一个班级学习，又有很多共同的兴趣爱好，能够聊到一起，玩到一块儿。

但我们每个人又是各不相同的，你相信吗？”这段话将学生引入对彼此之间的不同进行探索的学习情境之中。课文紧接着的一个活动是比较同一棵树的每一片树叶的不同。正文第二段“如果说班级是棵大树，那么每一位同学就像树上的一片叶子。同学之间有很多相同点，可又各有不同”。这段话既是对上一段正文的回应，亮明了观点，又引入了下一个活动，引出的活动是“找不同”与“展开想象”。

第二个话题“与‘不同’友好相处”也是一个活动提示，即如何与“不同”友好相处。这部分的正文第一段“我们喜欢和自己情投意合的人交朋友，这是人之常情。但是，如果过于强调这一点，会怎么样呢？”从学生的现有倾向出发，转换到新的情境，即过于强调相同的情境。正文第二段“我们身边的每个人都是不同的，学会和‘不同’的人相处是我们必须具备的本领”，这段话亮明观点。正文第三段“有些同学和‘不同’的同学相处，心里会有一些小疙瘩。怎样才能解开这些小疙瘩呢？让我们学会换个思路想一想。”这是由认识转向心理障碍的消除，引出的活动是呈现各种心理疙瘩及换位思考。正文第四段“用理解的眼光看待他人，接纳他人与自己的不同，我们将会交到更多的朋友”，这是过渡到与“不同”相处的益处，引出的活动是认识与性格、兴趣差异很大的人交朋友的益处。

（三）栏目：不同类型的学习活动

搭配正文的是不同类型的栏目，包括“活动园”“交流园”“阅读角”“故事屋”“美文欣赏”“小贴士”“知识窗”“相关链接”等。“活动园”是主导性的栏目，数量、种类最多。为了节省版面，诸多本来属于“活动园”的设计，直接与正文连接在一起，不再用“活动园”来标识。归在“活动园”栏目下的活动，既包括班级内的现场活动，也包括课外社会学习活动。班级内的现场活动，既可以是小组、全班性的群体活动，也可以是指向个人的个体活动。指向个体的活动，既可以是外化的、动手的活动，也可以是内在的静默、反思活动。

“交流园”则既包括经验、观点交流和思想分享活动，也包括观点碰撞活动。对同一问题，不同的人有不同的经验，学生贡献自己的经验，也可分享他人的经验，从他人的经验中获得启发。如三年级上册第6页的“玩耍对我们来说是很重要的学习途径。说说自己在玩耍中学到了什么”，就是关于玩耍经验的交流与分享。对有争议的问题，大家立场、观点不同，则可以进行讨论、辩论，这种类型的“交流园”也会以“小讨论”“辩论会”的形式呈现。经验、观点、办法的分享与交流，甚至观点的讨论与争辩，其实也是一种学习活动。“交流园”与“活动园”有交叉的地方，“交流园”可以归在“活动园”之下。“交流园”与“活动园”区别在于：“活动园”里的活动不仅有话语交流，而且必须有身体参与，而“交流园”里的活动则主要是借助话语展开。

“阅读角”“故事屋”“美文欣赏”都是阅读活动。“阅读角”选择的阅读材料类型较多，有的是来自同龄人的作品，有的是适合儿童阅读的寓言、童话，有的是带有哲理性的文章。“故事屋”里的材料是故事性强的文章。“美文欣赏”里的文章大多来自名家的经典作品。

阅读本身就是一种活动，阅读栏目也是前述学习活动的一个补充。广阔世界的同龄人经验，他们的遭遇和命运，都可以通过“阅读角”进入课堂。人类思想文化的成就，那些通俗易懂的哲理则可以是对现场活动、社会学习活动、班级交流活动的指引或提升；人类情感体验的精华，则可以与学生的情感体验相互印证、共激、共鸣。

教材中的“小贴士”“知识窗”“相关链接”属于资料性栏目，它们共同的定位是学习活动的辅助。“小贴士”侧重学习探索活动注意事项，尤其是方法和安全方面的提示、提醒。比如教材中有不少调查类活动，与之相伴的“小贴士”就是调查方法的提示和安全注意事项的提醒。学习活动也需要知识性准备，“知识窗”则是知识性内容的给予。“相关链接”是与学习活动相关事件、事实的呈现，目的在于为学生的学习活动提供参考、范例和借鉴。

（四）学习活动的主体：教室中的儿童

每个学习活动必须借助一定的“生活事件”使之情境化。比如，要设计关于儿童体会父母养育孩子不易的学习活动，就需要借助一个又一个的“生活事件”使父母对子女的养育经历鲜活起来，并由此激活儿童去回忆父母养育自己的点点滴滴。学习活动的设计要借助“生活事件”，而每一个“生活事件”都有自己的主角。此外，在每一个学习活动之中，都会出现贯穿全书的卡通儿童，这些卡通儿童既在学习活动之中，又在学习活动之外。他们与“生活事件”的主角一起参与学习探索，这说明他们在学习活动之中；他们还能在学习探索过程中向使用教材的儿童发出邀请、提出问题、表达情感共鸣、进行总结提示，这又在学习活动之外。

也就是说，教材中已经有了两类儿童，即“生活事件”的主角和卡通儿童，他们与教室中的儿童是什么关系呢？到底谁是学习活动的主体？如前所述，作为学习活动形式的所有栏目都是为教室中的儿童所设计的，都是为了激发、引导、辅助教室中的儿童进行学习探索。显然，教室中的儿童是学习活动的主体。“生活事件”中的主角是教室中儿童的活动伙伴，他们所起的作用就是陪伴教室中的儿童一起去探讨同龄人在成长中所遇到的各种问题。作为陪伴者，他们有时候会用自己的探索给教室中的儿童一些参照，有时候也会提出自己的困惑，并让教室中的儿童给他们解惑，更多的时候则是与教室中的儿童一起去探索。卡通人物是活动的激发者、提问者和总结者，是以另外的形式存在的活动伙伴。

三、教材以学习活动为核心所实现的突破

围绕学习活动来设计教材，这是德育教材编写的一个重大突破。这一突破不仅是纵向的，而且是横向的。从纵向来看，自改革开放以来，德育教材虽然一直处在摸索、进步之中，但囿于惯性，一直都未转到学生的学习这一核心问题上来。新课程改革以来，自主学习虽然得到了认可，但依然没能明确其核心地位，教材虽然有进步，但还是在教师的教和学生的学之间游移不定。从横向来看，西方国家由于对

直接德育课程的戒备，对德育教材的研发存在犹疑，少见高水平的德育教材。类似德育教材的社会科教材，也多以内容呈现为主，不怎么关注如何学、如何教的问题。美国的社会科教材都是出版社或商业机构开发的，联邦和州政府不参与教材开发。教材开发基本上针对的是内容问题，至于如何教、如何学，那是教师需要解决的问题。总之，这么多年来，德育教材固有的种种问题鲜有突破。我们围绕学习活动来设计教材，突破了德育教材不少难题。

（一）打破了德育教材的说教式结构

学生是活生生的人，而不是非人化的可以填充的容器。缺乏启发性的灌输是一种纯粹外在的、忽略学习者内在精神需要的教育方式。说教不再把学生非人化，而是当作可以进行“软强迫”的对象。说教所忽视的是学生学习的主动性、自主性，在这种情况下，即使说教所说的道理是对的，也容易招致学生的反感和抵触。过去的德育教材呈现的主要是“道理先行—事例证明—总结”这样的论说结构。

鲁洁教授多次说：“读三四年级教材，没有一点说教的味道，这是了不起的进步。”之所以有这样的效果，主要在于我们是围绕着学习活动来设计教材的，单元不再是德目体系，而是学习活动所指向的“问题域”；课文题目不再是缺乏启发性的灌输、说教的主题，而是学习活动的主题；二级标题不再是“知识框”，而是学习活动的名称；正文不再是一味说教的内容，而是学习活动的引入、过渡、转换；栏目不再是说教的补充材料，而是学习活动设计。

教材围绕学习活动进行设计，就是对符合教材需要的教学预设。如果不按照教材所指引的教学方式，即设计、组织、引导、监控、辅助学生的学习活动，教师是无法上课的。以学习活动为核心的教材是一体化的，所有的环节都为学生的自主学习服务，教师很难将教材割裂开来，从中抽取出需要说教的道理和论证的说明材料。

（二）实现了教与学的互动共生

古代教育最大的问题在于其不平等性，只有少数人才有资格接受专门的教育。从总体上看，古代教育在处理教与学的关系上，学是核心，教是为学服务的。在道德教育领域更是如此，德是要学的，教只是学的辅助。教育的大众化使教育不再是少数人的特权，这是现代教育的巨大成就。但随着受教育人数的扩大，为了使一个教师能够教众多的学生，必须以教为核心，教与学的关系发生了倒转。

这种倒转在知识技能培养上起到了立竿见影的效果，但对道德教育、对自主学习的损害则是巨大的。由于受教育总体势态变化的影响，德育教材一直以教为核心。德育教材的内容来自国家和社会的要求，不是来自儿童道德与社会性成长的需要；内容呈现方式是按照内容自身的逻辑关系，不是按照学生学习道德的规律来编排；教材的教育逻辑是方便教师说教的论证逻辑，不是有利于学生学习的探索逻辑。在这种以教为核心的教材中，学生的学只能处在次要地位，甚至没有地位。

我们围绕学习活动来设计教材，重构了学与教的关系。在教材定位上，虽以“教材”名之，实则是“学材”，完整的表述是“作为‘学材’的‘教材’”；在教育定位上，虽然是“德育教材”，实则是“学德教材”，完整的表述是“作为‘学德教材’的‘德育教材’”。如前所述，教材的微观结构也是以学生的学习活动为核心建构起来的，所有的环节都是为学生的学习服务的。在这样的教材中，教师的教不是没有位置，而是我们对其进行了再定义、再定位，即教师的教不再是核心，不再是自上而下的说教，而是对学的辅助、组织、指导、辅导。具体来说，教师是学习活动的设计者（应根据学生的具体情况对教材中的学习活动进行再设计）、组织者、辅助者、指导者和咨询辅导者。简言之，学与教是发生在具体生活情境中的互动共生关系。

（三）为生命的整体投入创造了条件

人是整体的生命存在，有认知、情感、意志、行动；有意识，也有隐藏在意识之下的非意识，更有介于意识与非意识之间的习惯、倾向、非反思性选择。这些都是生命的力量，在学习的过程中，虽然可以有所侧重，即以某一种或某几种生命力量为主，但总会牵涉所有生命活动。

过去德育教材的一个典型特征就是指向学生的认知能力，以为学生的认知能力提高了，其道德水平、思想意识自然就会提高。如诚信教育往往依据这样的逻辑：什么是诚信，为什么要讲诚信，如何讲诚信。在这样的框架下，学生被动投入的只是认知能力，他们的情感、意志、行动以及在过去生活中形成的下意识习惯、非反思性反应统统被排斥在外。关于诚信的道理即使讲得天花乱坠，也没有真正进入学生的心灵，不能真正与他们的生命力量结合在一起。

我们在教材中设计了不同类型的学习活动，包括理性认知型、经验反思型、情感体验型、意志决断型、行为体验型、想象扩展型等。也就是说，教材不再单一地指向儿童的理性认知能力，而是指向生命能力的全部。至于某一个环节为什么是这种类型的活动而不是另一种类型的活动，完全依据特定教育主题的性质及其学习规律而定。即使是某一类型的学习活动，在设计中也会兼顾学生其他类型的学习能力，如以理性认知为主的活动，里面也有学生情感、意志参与的环节。此外，每一课都是多种类型活动的有机组合，一篇课文通常由五个左右不同类型的学习活动有机组合而成。学生在学习的过程中，需要全身心参与，由此得到的发展也是整全的。

（四）建构了基于生命经验的道德学习方式

德育归根结底是“学德”，而“学德”如果不经由、不利用学习者自身的经验，就不可能发生。个体从来到这个世界的那一刻起，就带有人类遗传所积累的先天学习潜能，这是个体学习一切事物和知识的起点。同样，每一个来到学校的学生，都带着来自先天的学习潜能与童年生活经历相互作用所积累起来的经验。这些经验是学生学习新事物的先决条件，也是学习新事物的起点。教育可以培养、丰富学生已有的经验，进而使之得到发育、生长，结出新的果实；也可以把这些经验作为土壤，植入新的种子，使已有经验和新的种子相互配合，进而结出丰硕的果实。无论是哪种情况，都离不开已有经验。在学生自身经验之外进行教育，犹如将果实直接绑在树枝上，也许短时间内看上去硕果累累，但从长远看，都是虚假繁荣。

过去教材与学习者经验疏离，讲的是各学科专业的内容，用的是专业内容和论证说理的逻辑。这样的教材具有知识体系和说理逻辑的严密性及封闭性，但将学生自身的经验排斥在外，最终导致教材内容与基于这种教材的教学犹如飘在学生“经验之树”上的不相干的柳絮，二者虽偶有沾染，但其实没有发生生命联系，难以互相助益。

总体而言，教材基于学生经验设计学习活动，各种类型的活动着眼点在于对学生已有经验的唤醒、利用、加工、丰富、提升。学生对诸多事物其实已经有了经验，但有的经验处在活跃状态，有的处在沉睡状态。活跃状态的经验就是学习活动设计的起点，而沉睡的经验则是学习活动首先要唤醒的对象，即将学生处在意识之外的经验唤醒，并使其处在意识之内，成为学习活动加工、整理的对象。随着活动的展开，学生自身经验得到利用、加工、丰富和提升。当然，教育从经验出发，但又不囿于学生经验，有些学习活动则是从与学生经验无关的内容作为切入口，即便如此，也要与学生已有的经验发生连接。

学习活动设计会出现一个难题，即教材只能从普遍性的经验出发进行设计，不可能兼顾到每一个学生独有的经验。一方面，同龄人处在同一个发展阶段，有诸多具有普遍性的经验，教材将具有普遍性、典型性的经验作为学习活动设计的基础，具有阶段针对性；另一方面，每一个儿童都是不同的，他们的经验千差万别，教材不具有个体针对性。为了解决这一难题，我们在教材设计中，在每一个环节都为教室中儿童经验的融入留有入口。例如，如果一个学习活动以范例作为引子，那么在这个范例后面，一定留有提示、建议或发挥的空间；如果学习活动本身就是开放性的，那么活动的展开就是教室中儿童整理、加工、提升自身经验的过程。

（五）教材的“教育律”与“内容律”的有机融合

如前所述，高水平的教材要遵守两个原则，即内容原则和方法原则。前一个原则指的是内容的正确与科学，后一个原则指的是学习与教育方法上的适切与科学。如果说前一个原则是“内容律”，那后一个原则就是“教育律”。也就是说，教材不仅内容上要正确，教育上也要正确。由于“内容律”的显而易见性，教材的“内容律”往往更容易得到重视，因为哪怕出现一点点知识性、科学性错误，都是教材的“硬伤”。与此相对照，教材的“教育律”往往被忽略，教材中即使存在着这样那样不符合“教育律”的地方，也没有人说这是教材的“硬伤”。教材归根结底要符合教育规律，“内容律”固然重要，但“教育律”才是教材的“第一律”。忽视“第一律”的教材，无论“内容律”有多好，都不是高质量的教材。

我们在教材编写中将“教育律”放在更加突出的位置。第一，内容选择不是简单地从课程标准出发，而是从学生生活出发，从学生生活中生成教育主题，然后再用这些来自学生生活的主题去覆盖课程标准的要求。第二，对每一课话题的探索都是按照学习规律来设计的。例如，我们在设计诚实教育这一主题时，不是按照伦理学上对诚实的论述，而是按照品德心理学中诚实作为一种道德品质形成的基本规律来进行活动设计。当然，这样编写教材所遇到的困难也不可避免。比如，关于道德品质发展规律的研究在学术上还是空白，找不到可供参考的成果。这时候就要我们自己动手，通过调研、教材的试教去摸索。第三，教育活动的设计不仅保证教育主题和教育内容是适合儿童的，是他们所能够理解的，而且还要能够唤醒他们已有经验，激发他们去主动探索。适合只是一个底线性要求，在这一基础上，我们力求使教材成为儿童成长的“活性因子”，激发他们去追求更好的生活、更好的自我。

重视“教育律”，并不意味着忽视“内容律”。相反，“教育律”的真正贯彻反而促成了“内容律”的高质量落实。不能出现知识性、科学性错误这类“硬伤”，这是贯彻教材“内容律”的第一个层次的基本要求。社会舆论、教育专业之外的人士往往更关注这一层次的“内容律”。第二个层次的“内容律”要求与“教育律”结合起来，即特定的内容应适合特定发展阶段的儿童。这个层次的“内容律”更具有专业性，也是社会舆论和教育专业之外的人士不易看到、不会关注的“内容律”。第三个层次的“内容律”则要考虑特定内容的设计是否能够激发学生自主探索的兴趣，这是更高层次的“内容律”。如前所述，我们在教材编写中对“教育律”的贯彻，其实是在后两个层次上对“内容律”的落实，遵循的是更高标准的“内容律”。在这个意义上，教材对“教育律”的落实，其实是使“教育律”和“内容律”得到了有机融合。

第三节
用教材引领教学：
实现以道德学习为核心的教学转向

本节提要：

受二元思维的消极影响，教材与教学的整体性关系往往被我们所忽视。事实上，教材是引领教学的一条重要路径。对于德育教材而言，它要引领教学从知识学习到生活建构。鉴于此，小学《道德与法治》统编教材通过课文的结构预设了引导生活建构的教学目的，课文的栏目指示了以学生为中心的教学活动，课文的范例点明了源于学生生活的教学重点，课文的呈现展示了经过课堂检验的教学蓝本。当然，仅靠教材的引领是不够的。因此，我们建议教师要从本班学生的实际出发设计教学，引导学生进行自主道德学习，注重教学与学校整体德育活动的融合，珍视自己宝贵的教学经验并学会反思。

德育课程的实效性不高一直为人们所诟病，“知行脱节”是其集中体现。新课程改革以来，小学德育课程提出了“品德培养回归生活”的基本理念，这一理念为解决小学德育课程的实效性问题指明了方向。

一、关于教材与教学关系的理论反思

专门的培训和实践的探索是教师了解新型教学的重要路径，其实，还有一条重要路径往往被人们所忽视，那就是教材。事实上，教材既是学生学习的“学本”，也是教师教学的“教本”，教材不仅可以促进学生的学习，也可以引领教师的教学。

（一）整体性：教材与教学的应然关系

教材编写的过程既包括教学内容的系统化整理和表达，也包括教学过程、教学方法的系统化设计和引导。通过教材的内容组织、活动设计及版式呈现不仅可以向教师传递教学观念，也能引导教师的教学过程和教学方法。杜威在《民主主义与教育》中指出：“首先我们要提出一个重要观念，那就是教材与教法连为一体，不可分割”，“如将学科教材与教法划分开来，那将是一个大错”[1]。这是因为，教材是有组织的，它经过了人们有智慧、有方法的整理。教法则是对教材所作的有效率的处理，即以一种花费时间及精力最少的方式来达成某一教学目标[2]。既然教法不能独立于教材之外（虽然它们二者是可以区分出来并加以讨论的），那么教材与教学之间就有一种自然的联系，或者说它们二者之间具有整体性。杜威还指出了割裂二者的后果：如果把教材与教法生硬地划分开来，使其彼此独立、互不关联，那将会使教法变得很呆板，教师就会机械性地遵循所列出来的步骤来教

[1][2] 杜威．民主主义与教育［M］．林宝山，译．台北：五南图书出版有限公司，1989：171-173．

学[1]。

在日常生活中，人们之所以会忽视教材与教学的整体性，是因为“二元论”的思维方式在作怪。二元论者认为，“知道、感觉、愿意等都属于自我或心灵的作用，是可以独立的部分，这些作用可以应用在与其相对、且也是自为独立的物质、材料部分”。按照这种思维方式，学科教材与教法也是“彼此不相互关联的两件事”。“教材就变成自然世界与人类世界中经过系统分类的现成事实及原则”，而“教法所探究的问题便是如何使预定的学科教材适当地呈现出来，并印到学生的脑海里，或者是如何引起学生对教材的兴趣，以便使他们能顺利地去吸收、去获得”[2]。

（二）教材：引领教学的一条重要路径

既然教材与教学具有整体性，那么教材就可以成为引领教学的重要路径。教材除了可以为教学提供有效、丰富的材料，还可以传递教学观念，暗示教学方法，指引教学过程。

其一，教材可以为新型教学提供必要的材料。任何教学都离不开一定的教学材料，否则一切教学目标的实现就会成为空谈。杜威指出：“如果我们要有那种能激发问题、引起思考的情境，那么我们就需要为学生安排主动性的作业，并让他们使用材料来完成所希望达到

[1] 杜威．民主主义与教育［M］．林宝山，译．台北：五南图书出版有限公司，1989：175-176．
[2] 杜威．民主主义与教育［M］．林宝山，译．台北：五南图书出版有限公司，1989：171-172．

的目的。”[1]

其二，教材的整体设计可以传递新型教学所需的观念。不同的教材观往往预示着不同的教学观。比如，知识论的教材观认为，教材以呈现知识为目的，教学相应地以教材所负载的知识和技能的传授与掌握为宗旨。而智慧论的教材观则认为，教材仅仅是教学所使用的材料，教学相应地通过教材去实现智慧的或发展的目的，而知识本身只是从属和附庸[2]。此外，任何课程的教学都离不开教师对本课程性质、特征以及基本理念的深刻理解。《义务教育品德与生活课程标准（2011年版）》教学建议的第一条就要求教师“深刻理解本课程的性质、特征和基本理念”[3]。事实上，在教材中渗透相应的教学观念更有利于教师的理解，因为此时这些抽象的理念已经和具体的案例结合起来了。

其三，教材可以为新型教学提供方法上的指引。任何教学的实施都离不开适宜的方法，而教材具有改进教学方法的作用。杜威指出：“如果只叫老师改良他个人的教学法，那还是没有用的。我们必须有更多实际的教材、更多的人员、更多的教具，并提供更多的机会让学生去实做才有效果。”[4]换言之，改进教学方法，或者选择适宜的教学

[1] 杜威. 民主主义与教育[M]. 林宝山，译. 台北：五南图书出版有限公司，1989：160.

[2] 杨启亮. 教材的功能：一种超越知识观的解释[J]. 课程·教材·教法，2002(12)：10-13.

[3] 中华人民共和国教育部. 义务教育品德与生活课程标准（2011年版）[S]. 北京：北京师范大学出版社，2012：11.

[4] 杜威. 民主主义与教育[M]. 林宝山，译. 台北：五南图书出版有限公司，1989：159.

方法，并不是一个孤立的过程，这需要与之配套的教材和其他资源才行。此外，教材还可以提示教师根据内容选择和使用何种教学方法。如果说观察、讨论、体验等都是教学中可以使用的方法，那么在具体的教学情境中，何时使用观察法，何时使用讨论法，何时又使用体验法，这些都可以通过教材的设计给予教师适当的提示。

（三）德育教材：引领教学从知识学习到生活建构

在新课改之前，有不少论者认为，经过学科结构化的加工，理论化和普遍化的道德知识是道德的唯一存在形态，德性的发展就等同于道德知识的学习。基于这种道德观和德性形成观，德育教材中所预设的教学也就以道德知识学习为目的。笔者曾经比较过新课程改革前后的小学德育教材中问题类型的设计，发现“是什么”和“为什么”是老教材主要的提问方式，这两类问题共占到问题总数的75%左右[1]。这两种提问方式都侧重道德认知层面。但是，一个人德性的发展仅仅靠道德知识是不够的。在杜威看来，这种“关于道德知识”的教学，实质并不是德育，而是智育，它的影响，“即使充其量说，比较地在数量上是少的，在影响上是微弱的”[2]。这种道德教学往往是对道德问题进行抽象和理论学习，难以转变学生已有的价值观念。此外，由于这种道德教学脱离学生生活，无法保证学生经验的进入，后果便是

[1] 章乐，范燕燕．小学德育教材中“问题”的比较研究——基于人教社两套小学三年级德育教材［J］．上海教育科研，2009（11）：64-66.

[2] 杜威．学校与社会·明日之学校［M］．赵祥麟，等，译．北京：人民教育出版社，1994：143．

日常的经验无法得到它应有的丰富意义，无法在学校中得到滋润成长[1]。美国一项研究甚至表明，中小学开设的品德教育课对儿童的道德行为没有影响，直接的道德教学并未培养出道德品质或道德良心之类的东西[2]。

鉴于知识学习的品德教学存在的现实困境，新型的教材要引领教学从知识学习转向生活建构，实质是从知识道德转向生活道德。生活论的道德观认为，道德存在于生活，生活是道德存在的基本形态，或者说道德就是人所选择的生活方式[3]。如果说人的生活是整体性的，那么生活形态的道德就不再是单向度的，而是多向度的，它既包含了外在的道德规范，也包含了内在的道德精神和心灵；它既涵盖了道德知识，又统摄了道德行为、情感、信仰等；它既具有理论表达的形式，又表现为生活中的道德实践[4]。从生活形态的道德出发，道德教育的目的就在于：引导人在多种可能的生活中选择“好”的生活，即一种有价值、有意义的生活，并通过这样的生活涵养其德性。因此，在生活德育的视域下，教学的根本目的不是道德知识的学习，而是引导儿童去选择和建构有道德的生活及生活方式[5]。如果说新型的道德教学是引导儿童建构生活，那么德育教材就要向教师传递与之相应的教学理念和教学方法。

---

[1] 杜威．民主主义与教育［M］．林宝山，译．台北：五南图书出版有限公司，1989：166．
[2] 黄向阳．德育原理［M］．上海：华东师范大学出版社，2000：192．
[3][4] 鲁洁．道德教育的当代论域［M］．北京：人民出版社，2005：284-285．
[5] 鲁洁．道德教育的当代论域［M］．北京：人民出版社，2005：286．

二、引领新型教学的小学《道德与法治》统编教材设计

我国小学道德与法治课程存在着以兼职教师为主的现实，很多教师无法对这门课程投入足够精力，甚至连基本教学时间都难以保证。在这种情况下，期望大部分教师通过额外的学习来了解本课程的理念及所倡导的教学方式，显然是不现实的。通过研究海外教材，我们还发现这些教材功能相对单一，多数只是内容载体。鉴于现实，尤其本课程在整个课程体系中的弱势地位，如果我们的教材也只是内容的载体，那么教学就很容易走上死记硬背的老路。因此，小学《道德与法治》统编教材在追求“学本”的同时，力求使教材具有“教本”的特性，为教学打下基础。

（一）课文的结构：预设了引导生活建构的教学目的

教材要关注学生的生活，自身也有一定的结构性要求。教材的结构不仅可以让教材具有一定的体系化特征，而且可以有效地引领教学。在小学《道德与法治》统编教材中，课文的结构就预设了引导儿童生活建构的教学目的，并通过关注生活、反思生活和超越生活这三个紧密相连的板块来实现。如四年级下册第5课《合理消费》的第一个话题，首先呈现的是“我的心愿卡”的留白设计，让学生想想自己有什么样的心愿和理由。此环节的目的是让学生关注自己的真实生活。然后，教材呈现了一个女生想买名牌书包的故事，并请学生探究父母不同意买的理由，接着呈现了学生在现实中可能遭遇的其

他几个情境，并请学生进行角色扮演。在此之后，教材又设计了一个非常重要的环节，即让学生再看看之前的“我的心愿卡”，并请他们思考自己的理由是否充足，有无想改变的心愿，旨在引导学生反思自己的真实生活。最后，教材设计了一个开放性的讨论环节，引导学生思考如何应对“知道要求不合理，但心里特别想要”这种情况。此环节的意图是给予学生适当的方法，引导他们超越原有的生活。

总体而言，课文的结构就是引导教师在教学中时刻关注学生的真实生活，引导学生在关注生活、反思生活和超越生活的过程中逐渐形成某种德性。以往的德育教材更多的是引导教师以“美德袋式”的道德教育来进行教学，即给学生讲清某个“德目”及其道理，至于它是否会对学生的生活产生影响，那是学生自己的事情。我们不能说这种“美德袋式”的教学完全没有效果，但是它的效果一定是“微弱的，间接的”。相比而言，直接关注学生生活，并以引导生活建构为目的的教学更能提升德育课程的实效性。

（二）课文的栏目：指示了以学生为中心的教学活动

课文有一定的内在结构，这也意味着课文将由不同的栏目所组成。在小学《道德与法治》统编教材中，常见的栏目有“活动园”“交流园”“知识窗”“阅读角”等。对于教师而言，一个栏目往往就是一个教学环节，从这个意义上说，栏目也可以引领教学。在小学《道德与法治》统编教材中，课文的栏目大多是针对学生的，需要他们去观察、操作和探究，这也使得教师在教学中无法唱独角戏。换言之，课文的栏目向教师指明教学要以学生为中心。事实上，如果没有学生积极主动的参与，引导儿童建构生活的教学目的是无法实现的。在三年级上册第5课《走近我们的老师》的第二个话题中，为了让学生体会老师工作的辛苦，教材设计了“涂一涂”的活动。先让学生收集某位老师每天所做的事情，并把这些事情用不同的颜色涂在相应的表格中。接着，结合表格引导学生体会老师一天工作的辛苦。这个活动让学生在自主探究的基础上，通过观察老师每天做了这么多的事情，从而体会到原来他们这么辛苦。

为了保证教学以学生为中心，小学《道德与法治》统编教材力求课文的栏目富有童心和童趣。只有当栏目的设计符合学生的心理特点，且具有趣味性，才能吸引学生积极主动地参与。如在一年级上册第11课《别伤着自己》中有一个探究家中危险的环节，编写者把这个活动设计成了“迷宫棋”的形式。原来探究家中的危险是一个很普通的教学环节，但是当这个环节变成“迷宫棋”的游戏活动后，就增加了趣味性，也调动了学生参与的积极性。

（三）课文的范例：点明了源于学生生活的教学重点

课文的栏目要想丰富，还需要增加一定数量的范例作为具体的内容。因此，小学《道德与法治》统编教材的栏目选取了不少典型的范例，它们都源于学生真实的生活，并以“生活事件”的形式呈现出来。比如，在讲学习的途径时，教材呈现了“我从课外书籍、报纸和儿童杂志上学到了许多知识”，“在与同学的交往中，我懂得了人与人之间应友好相待”，“在野外玩耍时，我认识了许多植物和昆虫”等范例。这些范例不仅能为学生打开一种不同的生活，也能为教师点明相应的教学重点，如玩耍也是一种重要的学习途径。那么这些范例又是如何选择的呢？选择的一个重要依据就是学生生活中真实的道德需求和道德困惑。教学要引导学生建构生活，就离不开对学生真实道德需求和道德困惑的诊断。

为了引领教师更好地了解学生，小学《道德与法治》统编教材通过课文的范例为教师指明了学生真实的道德需求和道德困惑，不仅加深了教师对学生的了解，也点明了每课的教学重点。如在三年级下册第3课《我很诚实》中，教材把三年级学生的诚实教育从品质问题转向了心理问题：学生因为恐惧而谎称没有带作业，学生因为虚荣而谎称家中养有金鱼。这些环节的设计超越了传统诚实教育的思路[1]，为教师了解学生不诚实的真实原因和撒谎心理指明了方向，提供了新视角。相应地，这些环节的教学重点就是帮助学生认清这些阻碍他们诚实的心理原因。再如，在一年级上册第11课《别伤着自己》中，教材为教师指明了在日常生活中学生可能出现危险的两个原因：无知心理和贪玩心理。相应地，这课的教学重点就是帮助学生克服这两个可能引发危险的不良心理。

[1] 传统的诚实教育往往是从讲清诚实的道理（为什么要诚实，为什么不能撒谎）入手，然后以口号式（脱离了学生真实生活中的诚实问题）的教学让学生在现实生活中做到诚实。

（四）课文的呈现：展示了经过课堂检验的教学蓝本

为了给教师提供有效引导学生生活建构的教学案例，在小学《道德与法治》统编教材中，编写者尝试将经过课堂检验的教学“蓝本”直接融入课文中。由于融入了教学的“蓝本”，课文就以立体和动态的方式呈现在学生面前。如在三年级上册第2课《我学习，我快乐》“学习的快乐”的话题中，编写者就将经过课堂检验的教学“蓝本”直接放入课文中，设计了以下五个活动：第一个活动是“词语接龙”，以游戏的形式引导学生直接感受学习中的快乐；第二个活动是“家务小能手”，让学生在展示家务本领的过程中，从学习结果的角度体会学习的快乐；第三个活动是“交流园”，让学生分享学习的快乐经历；第四个活动是“阅读中的快乐”，引导学生体会阅读的快乐；第五个活动是“制作书签”，让学生把学习的快乐体验写在书签上。

当然，课文以教学“蓝本”的形式呈现，并不是说课文就是封闭式的设计、教师只能按照这个“蓝本”进行教学。事实上，“蓝本”只是一个教学参考，它的作用在于指明教学范式的类型和教学的价值取向，教师完全可以根据本班的实际情况另行设计同类教学活动。如在四年级下册第7课《我们的衣食之源》中，课文以系列图的形式呈现了农业生产的主要过程，并引导学生体会农民的不易。对于不同的地域，教师完全可以采用不同的设计。对于农村的学生而言，由于他们亲眼见过，甚至亲身经历过农业生产，教师只要给学生介绍这个过程，并引导他们回忆经验即可。对于城市的学生而言，由于缺少相关经验，教师就需要给他们提供一些农业生产的经验。在重庆的试教中，教师就创造性地设计了杯中插吸管的体验活动，让学生直接体会农民插秧的不易，从而体会农业生产的不易。

三、用好小学《道德与法治》统编教材的整体性教学建议

虽然我们力求通过小学《道德与法治》统编教材本身引领新型教学，但是单靠教材的引领是不够的。对此，我们建议教师做到以下几点。

（一）从本班学生的生活实际出发设计教学

引导儿童建构生活的关键在于能够直接满足学生真实的道德需求，解决他们真实的道德困惑。然而，即使教材精心地选择典型的案例，依然无法完全适应每个地区、学校、班级和学生的具体生活。因此，教师要从本班学生的生活实际出发设计教学。

第一，做好教学目标的精确化工作。要结合本班学生的具体情况调整相应的教学目标，让其更有针对性。对于三年级上册第2课《我学习，我快乐》中“学习的快乐”这一教学目标而言，不同的学校可能有不同的侧重。对于大城市的“优质学校”而言，由于大部分孩子有较为丰富的阅读经历，作为重要学习途径的阅读则可以成为这课的教学目标；对于一些农村的学校，或者一些农民工子弟学校而言，阅读的快乐这个目标就不太合适，因为这些学生家中可能没有几本书。不过，对于他们而言，另一个容易被人们所忽视的重要学习途径——

玩耍则可以成为重要的教学目标[1]。

第二，关注教学过程中的生成性。教材一旦编制完成，就成为一种固定化的文本。然而，教学却是不断生成的[2]。因此，教师在教学中要积极关注学生的态度和反应，适时地作出相应教学调整。如三年级上册第10课《父母多爱我》中选用了《妈妈喜欢吃鱼头》一文，此文的设计意图是想通过妈妈把好的鱼肉留给孩子吃，而自己却吃肉很少的鱼头，让学生体会妈妈的爱。然而，在具体的教学中，就曾有学生依据自己的生活经验对此提出质疑：“现在的鱼头比鱼身还贵呢！还有人要专门买鱼头吃呢！”对于这种教学的生成，教材是有所预料的，但是这些内容不可能全部呈现在教材中，因为这不仅会增加教材的负担，也会给没有这种生成的教学带来不必要的麻烦。面对这种教学的生成，教师应该作出教学调整，给予学生针对性的引导。如引导学生思考：“现在人眼里的贵鱼头与文章所讲的鱼头有什么不同？”“全家都在吃鱼头时，妈妈在吃什么？”当然，这种引导的目的是让学生从中体会妈妈的爱。如果有必要，教师也可以根据本班的特殊情况替换成其他的内容。

（二）要注意引导学生进行自主的道德学习

引导儿童建构生活离不开学生自主的道德学习。当前强调的“核心素养”也要求学生学会自主性的合作学习。事实上，自主学习的能

---

[1] 本案例来源于鲁洁教授在小学《道德与法治》统编教材中年段教师用书编写会议（2017年7月30日在南京召开）上的发言。

[2] 鲁洁．道德教育的当代论域［M］．北京：人民出版社，2005：310.

力本来就是现代教育的重要目标。因此，教师在教学中要注意引导学生进行自主的道德学习。

第一，教学要转向价值探究。教材中包含了大量以学生为中心的活动设计，课文的整体结构也尽量先不给学生预设一种价值，而是让学生在充分探究的基础上，自然而然地认同某种价值。但是，在实际的教学中，依然有不少教师喜欢先给学生预设一种价值，然后再让学生去验证。如围绕三年级上册第5课《走近我们的老师》中"老师，您辛苦了"这个话题的教学，就曾有教师在教学一开始就不停地追问学生："老师辛苦吗？"直到学生一致地说出"老师很辛苦"后，教师才展开随后的教学。换言之，这位教师的整个教学就是要验证预设的价值。事实上，如果学生在探究之前已经有了某种标准答案，这不仅会影响探究的客观性，也会降低探究的意义。对于这个案例的教学而言，教师应该先让学生依据教材中的活动设计（统计教师一天所做的事情）进行探究，让他们在充分探究的过程中自然而然地体会教师的辛苦。当然，在此基础上，教师也可以进行适当的提升或者拓展。

第二，教师要为学生积极创造自主的道德学习的情境，为他们提供必要的学习资源，并给予适当的方法指导。《义务教育品德与社会课程标准（2011年版）》指出："学生是学习的主体……教师要通过创设任务情境或问题情境，激发学生主动学习和探究的兴趣，鼓励他们大胆尝试解决问题的方法。"[1]事实上，让学生进行自主的道德学习，

[1] 中华人民共和国教育部．义务教育品德与社会课程标准（2011年版）[S]．北京：北京师范大学出版社，2012：20．

绝不意味着让学生放任自流。自主的道德学习绝不是天生的，也不是一蹴而就的，它需要教师进行有目的和有计划的培养。如针对三年级下册第1课《我是独特的》中自我认识这一教学目标，教师就可以给学生提供几个认识自己的路径，比如从日常活动中认识自己，从他人的评价中认识自己，从自己的理想中认识自己，从自己的秘密中认识自己，等等。再如，对于三年级上册第4课《说说我们的学校》中热爱自己的学校这一教学目标，教师可以提示学生从“我喜欢的校园一角”入手，然后让他们走进校史馆，走近学校荣誉墙，并引导学生回忆丰富的校园活动。简言之，只有教师为学生搭建了自主的道德学习的“支架”，学生才能有效地展开自主学习。

（三）注重教学与学校整体德育活动的融合

虽然教材通过课文的结构预设了引导儿童建构生活的教学目的，又通过范例点明了每课的教学重点，但是儿童生活的建构不能仅限于课堂教学。涂尔干指出：“我们不能僵硬地把道德教育范围局限于教室中的课时：它不是某时某刻的事情，而是每时每刻的事情。”[1]因此，教师要注重教学与学校整体德育活动的融合。

第一，利用教材的开放性设计走向学校其他日常德育活动，深化或拓展本课的教学重点。如在三年级下册第10课《爱心的传递者》中设计了一个开放性的活动，希望教师把这课的教学与学校的其他活动

---

[1] 涂尔干．道德教育［M］．陈光金，等，译．上海：上海人民出版社，2001：123．

进行融合，如“爱心义卖”。再如，在四年级下册第4课《买东西的学问》中，教材首先设想了班级开联欢会需要购物的情境，教师在教学时可以把这课的教学与学校的相应活动联系起来。一二年级的教材中也有关于元旦、国庆、中秋等节日的课，上这些课时教师就可以与学校相应的庆祝活动结合起来。

第二，利用课程标准和教材中所提供的逻辑框架整合学校的日常德育活动，实现课堂教学与日常德育活动的良性互动。南京市上元小学就尝试了以学校德育课程整合学校日常德育活动的做法，一方面让学校的日常德育活动为课堂教学储备丰富的生活基础，如让学生在春游和秋游等活动中，通过“游玩小手册”记录游玩中的点滴感受，收集相关素材，并将其作为本课程中家乡主题的重要生活基础；另一方面让学校的日常德育活动更具系统性，如通过本课程标准所提供的框架（自我生活、家庭生活、学校生活、社区生活和国家生活等）整合学校已有的日常德育活动。

（四）珍视自己宝贵的教学经验，学会反思

对于教师而言，引导儿童生活的建构并不是一件容易的事情，它需要教师不断地积累经验，而教学本身又是教师经验的重要来源。因此，教师要珍视自己宝贵的教学经验，学会反思。

第一，把反思作为检验教学的重要途径。小学道德与法治课程有一个特殊的困境，即本门课程的评价问题。我们都知道学生的道德品质和法治意识的培养，不是通过一两节课就能形成的，它不仅需要较

长的时间，更需要学校整体德育的共同努力。因此，这门课程需要我们从教学结果的评价转向基于以教学过程为主的评价，从评价学生的表现转向评价教师教学过程。而教师的反思又是教师评价教学过程的重要路径。从检验教学的角度看，我们建议教师从这样几个维度进行反思：一是学生的道德或社会性发展需要（困惑）是否得到了满足（解决）；二是学生的生活经验是否有效地进入课堂；三是儿童的自主学习是否得到了促进；四是教学过程中是否以师生共同参与的活动为基本形式；五是通过这一课程，我的新发现、创新有哪些；六是如果再上这一课，我会有哪些改进。

第二，把反思作为了解学生的重要途径。事实上，反思教学的过程，既是检验教学过程，也是教师深入了解本班学生的过程。在每次教学过程中，随机生成的内容不仅包括了学生的可能道德需求或者道德困惑，还包括了这些需求或者困惑在教学这个特殊场域中的特殊表现，而这些都是教师了解学生的重要资源，也是教师未来教学的重要依据。如针对三年级上册第2课《我学习，我快乐》中“战胜困难更快乐”这一话题，通过实际的课堂教学及课后教师的反馈，编写者发现大部分学生有战胜困难的动力，但是缺少战胜困难的方法。因此，在随后的教材修改中，编写者调整了原有的教材设计，把某个小朋友（王栋）战胜困难的案例移至学生探究如何战胜自己所遭遇的困难之前。这样调整是为了让这个案例可以为学生提供一些战胜困难方法的启示，从而为后面自己战胜困难作铺垫。

第四章

德育教师的身份重思

本章导引：

当前，小学《道德与法治》统编教材在全国范围内全面使用。什么样的德育教师能够真正用好新教材，实现其应有的德育价值呢？对此，除了应具备新课程教学的理念、知识及教学技能，德育教师还需要重新确立自己的身份，增强德育实践的动机，从而真正使用好新教材。

无论是理论还是实践，德育教师的身份并不清晰，人们不加反思地认为德育教师就是教授道德的教师。德育教师真的能够教授学生道德吗？通过回顾西方道德教育思想中“谁是道德教师”的经典议题，可以帮助人们重新认识德育教师的身份——他们并非道德“教授者”，而是道德学习者。因而，德育教师进行德育实践，并非仅仅根据国家和社会的要求进行教授，而是作为道德学习者，应和学生一道追求美善生活，守护高贵的灵魂，保卫社会正义。这些正是促使德育教师进行德育实践的坚定、深厚且不竭的动力源泉，是德育实践真正的价值性、道德性所在。

第一节
谁是道德教师：
论道德教师身份的古典辩难与现代构想

本节提要：

人们总是自然而然地认为学校里执教品德课的教师就是道德教师。然而，在思想家的头脑中，“谁是道德教师”是个并非自明的问题。他们对“是否存在着一个人或一群人能够使另一个人或另一群人变得更好”之类的问题，始终抱有疑虑。这些问题构成了西方道德教育思想史上“谁是道德教师”的经典议题。通过研究和对比，我们可以大致勾勒出思想家们对道德教师身份的基本看法。

由于人们在“知道德”与“教道德”上存在着双重困难，苏格拉底不相信有人能教道德。而柏拉图则把道德教师塑造为一邦的“立法者”，并通过良善风俗的力量教化一邦之民。在卢梭和康德道德思想的基础上，赫尔巴特、涂尔干、杜威等思想家将道德教育教学化、学校化，从而推动道德教师身份的学校化，使“学校教师”成为道德教师不可或缺的现代身份。然而，从现代学校教师的培养实践来看，人们不禁发出这样的疑问：合格的学校教师是否就是能够教人道德的道德教师呢？古今关于道德教师身份的理论充满了内在的张力，同时也启发我们以苏格拉底为道德教师形象进行参考，重新界定教师的道德教育身份——并非传统意义上的道德教授者，而是作为有经验的道德学习者帮助初学者成为真正的道德关心者和道德学习者。

在人们的常识中，学校里执教品德课的教师就是道德教师。在西方道德教育思想史上，围绕“谁是道德教师”这一经典议题而展开的讨论，让我们对这一“常识”产生了疑问。是否存在着一个人或一群人能够使另一个人或另一群人变得更好？如果存在，这样的人是谁？这样的人又是如何让他人变好的？对此，本文试图追溯古典与近现代思想家在此议题上的主要观点，大致勾勒出西方思想家探寻道德教师身份的脉络，并以此为基础重思现代道德教师的身份。

一、道德教师身份的古典议题

在西方道德教育思想史上，苏格拉底首先将“谁是道德教师”问题化。这一问题源于苏格拉底的生活情境。在苏格拉底生活的周围，他的朋友、母邦同胞经常与他谈论如何为自己和孩子找到合适的道德教师的问题。同时，各色智术师也四处宣扬自己是能教人德性的道德教师。正是在这种处境下，苏格拉底认真考察了“谁是真正的道德教师”这一议题。

（一）谁是道德之师：哲人与智术师的辩难

1. 普罗泰戈拉：人人皆是教师

普罗泰戈拉作为智术师的杰出代表，在与苏格拉底对话时，惊奇地发现对方居然不相信道德可教，也不相信有人能教道德。普罗泰戈拉以演说的方式，试图说服苏格拉底，使之相信道德当然可教，而且人人都能教。普罗泰戈拉向听众讲述了一个涵盖人一生、能把道德教出来的系统教育工程。从孩子懂话开始，孩子的父亲、母亲甚至保姆、家丁都会在一言一行上作出道德示范；待孩子入学后，各类教师时刻关注其行为是否合宜得体，并通过文教和体育培养其温雅、节制、勇敢等品质；等孩子离开教师、过上城邦生活时，城邦会通过礼法强制其学习并依从礼法来生活。因此，一个人从生到死都生活在不同形式的道德教化中。这一集家庭、学校、城邦的共同努力的道德教育工程，如若还不能教人道德，那么这不是城邦教育的问题，而是人自身的问题。在普罗泰戈拉看来，这样的人根本不受教，也根本不适合城邦生活，只能通过惩罚，将其流放或者处死。因此，温和的教育手段与终极惩罚的存在，是说服人们相信道德可教的有力证据。在普罗泰戈拉的眼里，苏格拉底很难查明谁是道德教师，不是因为道德教师不存在，而是因为人人皆是道德教师，都在教道德。

2. 苏格拉底：无人能是道德教师

对于普罗泰戈拉的冗长描述，苏格拉底的诘问并不纠缠于具体内容，而是追问普罗泰戈拉更为基本的问题。既然普罗泰戈拉声称道德可教，那么必定知道所教为何物。苏格拉底追问其诸德性的本质是“一”还是“多”的问题[1]。在苏格拉底看来，如若连德性本质问题都

[1] 苏格拉底追问普罗泰戈拉，正义、节制、虔诚等是德性，只是名称不同，还是诸德性是德性的各个部分呢？这是德性本质到底是“一”还是“多”的问题。这一如在《美诺篇》中，苏格拉底追问美诺“什么是德性”的问题。参见柏拉图著，王太庆译：《柏拉图对话集》，商务印书馆2004年版，第158-160页。

不清楚，就很难设想德性是可以教授的。恰如那些造船人，如果自己都没有造船知识，我们怎能信其会教别人造船？同理，不具备道德知识的人，显然也不可能教他人道德。这自然驳倒了普罗泰戈拉认为人人都是道德教师的观点。

苏格拉底不仅追问智术师是不是真正的道德教师，而且追问那些为孩子请教师的父亲们，自己是否清楚谁是真正能够传授做人、做公民智慧的道德之师[1]。苏格拉底发现，那些父亲们并不知道谁是真正的道德之师。此外，苏格拉底还考察了那些据称有智慧的父亲，看看他们自己是否就是道德教师，能否把自己的德性传授给孩子[2]。从苏格拉底上述理论和实践来看，那些自称或据称道德教师的人实质上都不是真正的道德教师，而那些被视为很有智慧和品德的人，也不过是幸运地得到了由神授予的正确的道德意见，并不具有真正的道德之知，因而也无法将自身的品质传授给他人[3]。由此，苏格拉底倾向于断定道德并非教授之物，即便有人幸运地拥有道德智慧，也很难将这些智慧传授给他人。这就是在人类道德教育中存在的“知道德”与“教道德”的双重障碍。

在这些考察背后，蕴含着苏格拉底反驳道德可教、道德教师存在

---

[1] 柏拉图．苏格拉底的申辩［M］．吴飞，译．北京：华夏出版社，2007：73-75．

[2] 对此，柏拉图在《普罗泰戈拉篇》和《美诺篇》中都讨论了这些问题。参见刘小枫编译：《柏拉图四书》，生活·读书·新知三联书店2015年版，第65-66页；柏拉图著，王太庆译：《柏拉图对话集》，商务印书馆2004年版，第190-197页。

[3] 柏拉图．柏拉图对话集［M］．王太庆，译．北京：商务印书馆，2004：205．

的两个假设。这是围绕苏格拉底提出的“德性即知识”命题而存在的两个假设：一是如果道德是知识，那么道德最有可能被教；二是人只有知道德，才能教道德[1]。在苏格拉底看来，只有道德最可能是知识，道德才最有可能被教授，也最有可能存在道德教师。这奠定了西方道德教育传统中“从知识到道德”这一经典设想的基础，并不断吸引人们去探索这一设想的可能性[2]。然而，联系提出这些假设的上下文，苏格拉底尽管没有否认这些假设的真实性，但因人类道德教育中存在的“知道德”与“教道德”的双重障碍，故使其对这些假设持有更多的疑虑和保留。在苏格拉底那里，道德教师的身份是不明的。

（二）柏拉图的设想：以立法者为师

在争论中，尽管苏格拉底质疑普罗泰戈拉设想的教授道德的内容，但对其描述的道德教育方式却未置可否。对此，柏拉图在其对话中，将这一方式构建为城邦习俗性的道德教育方式，这预示着另类道德教师的存在。

1. 道德教育并非私人事务

普罗泰戈拉描绘的道德教育工程是由父亲安排和设计的，看起来

---

[1] 柏拉图．柏拉图对话集［M］．王太庆，译．北京：商务印书馆，2004：186，189．

[2] 刘铁芳．知识学习与生命成长：知识如何走向美德［J］．高等教育研究，2016（10）：10-18．

对孩子的道德教育只是一件重要的私人事务而已[1]。相比之下，同是作为父亲的苏格拉底的做法却很奇怪。这位自称一息尚存、有口能辩就要为正义挺身而出的人，似乎不关心自己孩子的命运，宁愿服从不公正的判决而不愿苟活下来将孩子抚养成人[2]，反而请求判决其死刑的同胞照看自己孩子的德性[3]。苏格拉底这样做，难道是认为判决其死刑的同胞在道德方面胜过自己？对此，一个合理的解释是，苏格拉底并不相信单凭父亲的力量就能够教化自己孩子成为有道德的人。对孩子进行道德教育终究不是一桩私人的家庭事务，其本质必然具有公共性。因为孩子作为城邦的未来公民，其道德品质最终取决于城邦盛行的生活方式。那么，父母试图独立于城邦而给孩子私人的道德教育，是不可能成功的，除非同时关心同胞的德性及城邦的道德状况。如此一来，道德教育必然走出家庭事务的范围，而成为城邦的共同事业，而道德教师也不是某个人、某个家庭的私人教师，而是能够照看整个城邦德性的道德之师。在《法义》中，柏拉图塑造了这样一位“立法者”——他作为城邦的道德之师，将城邦改造为道德教化之邦。

[1] 在柏拉图《拉刻篇》中，有父亲提到如若孩子的德性没有得到全心全意的关注，孩子就无法成为卓越的人，进而会责怪父亲没有给予良好的教育，致使其没有任何美好事迹可以向后代讲述。参见柏拉图著，王太庆译:《柏拉图对话集》，商务印书馆2004年版，第108页。

[2] 在《克力同篇》中，克力同认为苏格拉底选择服从雅典不公正的判决而不逃走，是在遗弃自己的子女，让他们无依无靠，成为孤儿。参见柏拉图著，王太庆译:《柏拉图对话集》，商务印书馆2010年版，第59页。

[3] 柏拉图．苏格拉底的申辩［M］．吴飞，译．北京：华夏出版社，2007：142．

2. 立法者的道德教化设计

不同于用恐惧、羞耻、惩罚等严厉手段进行道德规训的城邦，《法义》描绘了一座通过文艺教育进行道德教化之邦[1]。这种文艺教育教化人追求快乐，逃避痛苦的极端欲望与情感，把人引向能使其变好之物上，并渴望变得完美的生活方式。对此，一方面可以通过音乐、舞蹈等文艺教育让人的身体习惯于韵律、节奏，让人的灵魂感受秩序、和谐，帮助人有序地疏导欲望、情感，调和人们追求快乐、逃避痛苦的极端倾向，使人们在对待快乐与痛苦的事情上保持中道，同时也使灵魂中的欲望、情感易于听从理性的教导，服从法律的要求；另一方面可以利用诗歌、戏剧等文艺教育，引导儿童模仿英雄行为，操习必备的高贵行为，预演儿童在未来城邦生活中必须担当的职责[2]。因此，在文教之邦中，创作诗歌、表演戏剧、参加合唱团、举办文艺演出都是公共生活中严肃且重要的部分，是实现对公民和儿童道德教化的重要手段。实现上述道德教化活动，需要城邦立法者进行系统的立法安排，并凝结为城邦的优良风俗，以此实现对民众的道德教化。城邦的“立法者”作为道德教化之邦幕后真正的“道德教师”，通过政制引导民众过道德的生活方式，也让人在不知不觉中接受道德教化。那么，民众的道德与其说是被教出来的，不如说是被习俗性的道德生活方式涵化出来的。立法者作为隐匿的教育者，也被视为道德教

[1] 在柏拉图笔下，文艺教育是来自缪斯的教育，包括音乐、诗歌、戏剧、历史和哲学等。

[2] 布舒奇.《法义》导读［M］. 谭立铸，译. 北京：华夏出版社，2006：42-46.

师的经典原型[1]。

在上述古典思路中，存在两类道德教化方式及道德教师类型。苏格拉底以教授他人技艺知识的技艺者为原型，设想了教授他人道德知识的道德教师形象，以此奠定了道德教师作为知识者的形象，即只有知道德的人，才能教道德。因人在“知道德”和“教道德”上存在的困难，苏格拉底抱有更多的疑虑，并不相信道德教师的存在。而柏拉图以立法者为师的设想，使人们对道德教育的关注视角从家庭转到了城邦共同体，奠定了西方长久以来以立法者为师的教育理想[2]。这两种道德教化思路鲜明地体现在卢梭的思想上。卢梭一方面继承柏拉图“以立法者为师”的思路，为现代人展现了一个在非凡立法者的带领下，建立保障人的道德自由的正义且有益的政治社会的设想[3]；卢梭另一方面重新认识了苏格拉底提出的“从知识到道德”的教化设想，试图开辟一条解决人类道德教育问题的新道路。

二、现代道德教师身份的理论与实践构想

许多近现代道德哲学家、教育家相信，道德能够且必须被教授。如康德所言“德性能够并且必须被教授，这是从它并非生而具有得出

[1] JAEGER W. Paideia : the Ideals of Greek Culture: Volume 1[M]. Oxford : Oxford University Press, 1947 : 217.

[2] 像蒙田、爱尔维修、卢梭等西方启蒙哲人仍旧具有这种理想。这种理想从根本上认识到，立法的科学与教育的科学“完全是一回事”，立法者-教育者为真正的公共利益服务。参见彼得·盖伊著，王皖强译：《启蒙时代（下）：自由的科学》，上海人民出版社2016年版，第473页。

[3] 卢梭. 社会契约论[M]. 李平沤，译. 北京：商务印书馆，2017 : 45.

的”[1]。因而，现代思想家重新探索了“从知识到道德”的可能性，为解决道德教师的问题打开了一个新局面。

（一）道德教师：卢梭与康德的理论构想

1. 让·雅克式的道德教师：卢梭的想象

卢梭较早地发现现代性的发展并不会必然带来道德的进步[2]。因此，为了保护现代人的道德和自由，卢梭较早地提出了道德教育的现代方案。此方案在问题意识上仍旧接续古典教化传统，致力于教化人在欲望、情感方面的道德问题。同时，卢梭也追随苏格拉底“从知识到道德”的设想，试图通过知识解决人在欲望、情感上的道德问题，从而开辟出从知识通达人的道德的教化之路。然而，在如何实现上述目标的问题上，卢梭根据现代哲人对人性的新看法，与古典传统分道扬镳，提出与古典传统不同的教化思路。如若按照霍布斯等现代哲人的看法，人的本性在于不断地实现自我保存的欲望，那么在解决人的欲望、情感问题上，道德教育的目标就不能像古人那样通过培养人的德性来保持人在欲望、情感上的中道，而应该引导人具备满足自己需要的能力，使人能够在自身需要与能力之间保持平衡，从而处于平静、满足的状态，以此消解人在欲望满足问题上可能出现的道德恶。

由此，卢梭设想的道德教育包括两个部分。一是与道德没有直接

---

[1] 康德．康德著作全集第6卷：纯然理性界限内的宗教、道德形而上学［M］．李秋零，主编．北京：中国人民大学出版社，2007：487．

[2] 卢梭．论科学与艺术的复兴是否有助于使风俗日趋纯朴［M］．李平沤，译．北京：商务印书馆，2011：9-10．

关系的“消极教育”，主要是向学生传授与人的生存处境密切相关的知识和技能，以及与此处境相关的必要的道德观念。如自力更生才能保持自由的观念、承认以合法劳动为核心的财产分配的正义观、不要奴役人也不被人所奴役的价值观等。二是真正的“道德教育”，其核心内容就是教导学生有关良心、同情的道德学说，防止人的天然的自我保存的情欲变异为相对的、人造的、自私的情欲，如自负、虚荣、嫉妒、狂怒、憎恨、蔑视他人等。对此，卢梭的道德教育就是要利用人的良心，将天然的自我保存的情感延伸至他人，使人对他人的痛苦能感同身受，进而对他人产生友善、同情、仁爱的社会性情感，并通过正义将这种同情感普遍化，进而扩展至全人类[1]。人真正的道德就是人的自由意志能够克制自私的情欲，坚定地听从良心要求的力量。由此去除人的自由意志中的自私性和任意性，而将自由意志的道德属性展现出来[2]。这样的人才是真正获得道德自由，并服从自己对自己立法的人[3]。

上述的卢梭教育方案，不仅教人如何做人、做公民，也教人如何生存，如何保持独立、自由。在《爱弥儿》中，卢梭以诗学的方式描述了一位道德教师。这位教师首先具备做道德教师的必要条件，如高贵的品质、良好的教养、合适的年龄、健康的身体、广博的知识储备、胜任教育之职的各种才能。但卢梭清楚，品质这么高尚、才能如

---

[1] ROUSSEAU J. Emile Or On Education[M]. New York: Basic Books, 1979: 253.
[2] RILEY P. Rousseau’s General Will: Freedom of a Particular Kind[J]. Political Studies, 1991(1): 61.
[3] 卢梭. 社会契约论[M]. 李平沤，译. 北京：商务印书馆，2017: 24.

此卓越之人未必愿意陪伴学生成长，未必愿意做道德教师。而学生也未必愿意接受如此优秀之人做自己的道德教师。为此，卢梭还设想了其他充分条件，以保障教师与学生之间的道德教育关系能够建立起来[1]。在具体的教育过程中，这位教师采用了个体化的教学，以对话和讲述的方式，将生存的知识、技能和道德的相关知识传授给学生，同时也结合学生的生活，让学生在实际生活中操练并应用这些知识、技能。这就是卢梭为其道德教育方案配备的道德教师。

2. 作为德性义务的启蒙者：康德的思考

康德承续卢梭的道德问题意识，看到现代科学对人的道德世界的挤压，以及造成的人类道德世界的危机。但在康德看来，人的同情、仁爱等道德情感并不能为道德奠基，因为道德情感乃是来自人类自然本性的特殊结构，因而并不具有普遍适用性与实践必然性。康德要在卢梭的道德学说的基础之上，为道德、义务、德行等概念建造更为稳定的根基，以保证卢梭的道德自由能够在现代性中真正幸存下来。康德通过从通俗的道德哲学上升到道德形而上学，为所有的德性概念确定了先天的在理性中的位置。也就是说，任何有理性的存在者都可以凭靠实践理性的能力，破除所有经验性东西的阻碍，从而获得所有先

[1] 对此，卢梭的设想是，卓越者之所以愿意教化学生如何做人，首先不是出于金钱的缘故。想让这样的卓越者愿意花时间和精力照顾学生的道德成长，合于其自由本性的理由只能是出于天然的义务。同时，为了合于学生的自由本性，卢梭设想了两份“教育契约”，以便从父母教育权利的继承中、学生的理性同意中，建立起教师对学生进行道德教育的正当性。参见渠敬东、王楠：《自由与教育：洛克与卢梭的教育哲学》，生活·读书·新知三联书店2012年版，第180页。

验的、牢靠的道德知识，以此作为理性存在者进行道德行动的真正原则。其中，最为根本的道德法则——“你要仅仅按照你同时也能够愿意它成为一条普遍法则的那个准则去行动。”[1]从这唯一的定言命令中，可以推导出道德行动的普遍化原则、目的原则和自律原则。康德通过对实践理性的批判，确立了意志自由作为道德法则的存在论条件，论证了人作为理知世界的成员，道德法则作为其行动原则的必然性而存在。由此，康德建构起了道德法则存在的可能性和必然性。从康德的上述思路来看，他仍是遵从“从知识到道德”的设想，为人类找寻做道德人的可能性。那么，什么样的教师能够教授这些道德知识呢？又是如何教授呢？

在《道德形而上学》中，康德设想的道德教师是扮演启蒙者角色的人。首先，通过设计问答手册，这位道德教师能够帮助学生从其理性中引出定言命令。其次，通过引导学生准确地回顾这一体系，并在决疑论的问题中不断磨炼学生的判断力，从而帮助学生一再确定这一体系的真确性。最后，不断教诲学生要在自己意志的作用下坚定地遵从义务，出于义务而行。从这些内容来看，康德预想的道德教师的工作主要是理性启蒙[2]。这一工作的核心在于引导学生敢于公开地运用自己的理性，并教导学生以坚强的意志，坚定地服从实践理性对自己作为理性存在者发出的定言命令。由此，这位道德教师完成了“从知

[1] 康德．道德形而上学奠基［M］．杨云飞，译．北京：人民出版社，2013：52.

[2] MUNZEL G F．Kant on Moral Education, or “Enlightenment” and the Liberal Arts［J］．The Review of Metaphysics, 2003（57）：43-73．

识到道德”的道德教育任务，实现了帮助学生“知道德”就必然“行道德”的教育理想。这是康德为现代道德教育勾勒出的理性化的现代道德教师形象。

（二）学校教师作为道德教师：现代实践构想

卢梭、康德所构想的道德学说、道德教育思想，对现代道德教育实践产生了巨大影响。在此基础上，后世思想家进一步立足于教育立场，在顺应教育大众化的趋势下，以道德教育的教学化、学校化，推动了道德教师学校化，为道德教师的现代身份准备了条件。

1. 赫尔巴特：道德教育的教学化

康德的道德学说为卢梭的道德自由观重新奠定了理性基础，使义务、德性变成了现代理性人的道德必然。然而，无论是卢梭设想的道德导师，还是康德的启蒙教师，并不适应现代大众教育的趋势。在赫尔巴特看来，卢梭在《爱弥儿》中设想的方案，其代价太昂贵，它要求教育者牺牲自己整个生活，作为儿童的永久陪伴献给他们[1]。而康德的学说并不适合直接传授给学生。为此，赫尔巴特提出了更实际、更可行的现代道德教育方案，从而推动了道德教育的教学化。

赫尔巴特尽管认同康德的道德学说，但从教育立场提出了异议。在赫尔巴特看来，康德的道德学说只是哲人从概念中建构起来的，是狭隘的道德文化，难以转化为教育实践。道德作为人的自由的表现，并不能自动地从理性中展现出来，但教育却可以借助感性世界中的材

---

[1] 赫尔巴特．赫尔巴特文集3[M]．杭州：浙江教育出版社，2002：8．

料，对学生的自由产生影响，使其成为真正的道德自由[1]。具体来说，既然道德（康德的定言命令）是理性的立法，那么这一命令本身就是一种意志，是起源于个体不确定的、多样的心灵活动。因此，教育实践可以通过建构心灵活动来影响意志的方式，使其成为真正的道德意志。而这种建构心灵活动的方式可以是逻辑化的，也可以是诗学的、实践的。前者可以根据义务论逻辑，帮助学生的心灵活动道德化。后者在赫尔巴特看来，则可以将审美作为必要中介，达到使欲望屈服、影响意志的目的。对此，赫尔巴特构建了“教育性教学”的理论体系，使康德的道德学说真正具有教育实践性。

教育性教学旨在培养道德品质，以训练和发展人的心灵特性、充实人的心灵为目标。赫尔巴特根据人的认识与同情两种不同的心理状态，将教学分成训练人的思辨、鉴赏特性的认识部分与训练人对人类、对社会的同情部分，同时也从教学方法角度，将教学分为分析性教学和综合性教学。比如，关于同情的综合性教学，可以通过文学、历史、诗歌、哲学方面的经典作品来开展[2]。而赫尔巴特所言的教育性教学，就是要将经典作品中关于世界的审美价值持久地、严肃地铭刻在人的心灵之中，形成扎实、广阔的“思想范围”，从而建构多方面的心灵活动，培养多方面兴趣。在赫尔巴特看来，巨大的道德力量

---

[1] 彭正梅指出，康德道德学说中的先验自由排除了人的道德的自然性、历史性和经验性，这实质上取消了道德教育的可能性，教师成为学生道德发展的毫无帮助的旁观者，只能希望学生道德的自我出现。参见彭正梅：《如何通过强制来培养自由：赫尔巴特〈论对世界的审美展示是教育的主要任务〉之研究》，《基础教育》2010年第10期，第3-8页。

[2] 赫尔巴特．赫尔巴特文集3[M]．杭州：浙江教育出版社，2002：106．

来自这种充实的心灵，来自人的“思想范围”中的广阔视野。因为从广阔的思想范围中，人可以产生正当的欲望，再通过坚决的行动，积累人的自由意志的力量[1]。

赫尔巴特试图以教育性教学解决卢梭、康德道德思想中如何将个人任意转化为道德意志的核心问题。这一学说通过利用人类已有的知识积累，扩充人的思想范围的方式使人变得有道德的思路，看起来也延续着古典“从知识到道德”的设想。在赫尔巴特看来，这一设想无论是家庭教育还是学校教育，都可以采取[2]。赫尔巴特的道德教育理论所预设的现代道德教师，应借助数学、历史、文学、哲学等学科教学的力量，将这些学科教学所呈现的关于世界的、审美的、道德的图景，转化为学生广阔的思想范围，从而影响学生的自由意志，达到培养意志道德性的目的。赫尔巴特的教育性教学思想既奠定了道德教育的教学化，同时也奠定了现代道德教师的两种身份特征。一是教学型特征。这表明现代道德教师必须具备基本的教学能力，而这种教学本身又依托于学科教学。二是以学科教师为前提。由此形成了“学科教师是道德教育者”这一观念的雏形，也为道德教育、道德教师的学校

[1] 赫尔巴特．赫尔巴特文集3[M]．杭州：浙江教育出版社，2002：132．

[2] 赫尔巴特认为，从教育的最高目的来看，教育并不必然是学校化，因为学校教师难以了解学生的个性，学校教师也难以成为真正的教育者，所以现代教育仍旧可以是家庭形式，而家庭教师仍旧可以是公共性的，因为家庭教师的薪酬由国家提供。然而，现代教育的大众化必然导致教育的学校化，这也意味着教师的身份必须从家庭教师转变为学校教师。因此，赫尔巴特设想了教育性教学，不仅帮助家庭教师，也帮助学校教师完成道德教育的重任。参见Val D．Rust，David Starr，Personalized Teacher Education：the Example of Herbart，Educational Studies，No.8，1977，pp.221-229。

化奠定了基础。

2. 涂尔干、杜威：道德教育的学校化

夸美纽斯在《大教学论》中已提到学校应承担的道德教育任务，但其设想完全建立在宗教基础之上，与现代社会的世俗化、理性化进程相悖。面对18世纪和19世纪的急剧变动，宗教作为旧的道德体系已无力起到整合社会的作用。对此，涂尔干试图建构世俗化的理性道德教育，以填补宗教退却后留下的道德教育真空。涂尔干在融合道德义务论、道德目的论，以及自己的社会学思想的基础上，提出了自己的道德学说，并以此为基础构建了道德教育的学校化，勾画了现代学校道德教育的基本图景。

涂尔干反对康德从纯粹实践理性中推论道德是什么。涂尔干从社会功能论的角度，在考察"道德事实"的基础之上，开创了理性形式的道德学说，提出了道德的纪律性、群体依恋、知性等基本要素[1]。道德的纪律性作为道德的形式要素，反映了道德本质上是对行为的限制、约束，以将行为规范化，因而道德具有常规性与权威性。道德的群体依恋反映了道德行为以社会的集体利益为目标。道德的纪律性与群体依恋都是从世俗生活中提炼来的，反映了道德的义务性和目的性。涂尔干从理性角度，提出了道德的另一基本要素，即道德的知性或道德的自主性。从现代科学来看，人通过自然科学获得了控制事物的完备知识，从而获得了在物质世界中的自主性。同理，人只要掌

[1] DURKHEIM E. Moral Education[M]. New York：The Free Press of Glencoe, 1961：120.

握道德法则及其原因和功能的精确知识，也能从道德世界中获得自主性，使人有意识地遵守道德法则，并知道为什么要遵守。因此，道德科学（道德知识）也是人自主性的真正源泉。

涂尔干去除了道德的宗教外衣，以理性术语表达了道德的基本要素，找到了道德的理性形式，并进一步应用于学校教育体系，将学校改造为“道德教育机构”。在涂尔干看来，学校本身就是一个特殊环境，具有一套预先决定儿童行为的完整的规范体系，非常适合用来培养学生的道德纪律性[1]。如学校的作息安排、学校日常规范、各种学习要求等可以作为学校纪律，帮助学生适应常规化的生活，培养学生无条件地遵守规范的纪律精神。而学校纪律中的惩罚手段，可以阻止那些破坏学校纪律的行为，重新在过失者那里确立规范的权威，防止学生认为规范是软弱的、毫无影响的。因此，涂尔干认为学校纪律具有培养学生品质的作用。同时，学校还可以利用儿童的依恋性、模仿性、易受暗示的天性，培养学生对群体的依恋。“要学会热爱集体生活，我们就得过集体生活，不仅在我们的内心和想象中过集体生活，而且在现实中过集体生活。”[2]通过这种集体生活，学校可以使学生获得对群体的鲜明印象，并在持久的集体生活的训练中，让学生适应并喜欢集体生活，形成共同行动、共同思考的习惯，从而激发学生对群体产生依恋。在涂尔干看来，只有学校才能帮助学生实现从家庭到社

[1] 涂尔干．道德教育［M］．陈光金，等，译．上海：上海人民出版社，2006：110．

[2] 涂尔干．道德教育［M］．陈光金，等，译．上海：上海人民出版社，2006：167．

会的道德转型。

除了将学校整体环境改造为道德教育训练机构，涂尔干还将学校的学科教学改造为具有道德教育价值的教学。涂尔干认为，在现代道德中，道德的知性日益成为一个重要的道德要素。人们只有意识到行动的社会价值，理解道德的根源及存在理由的符号化解释，才会产生道德行动。因而，富有思辨和理论性的课堂教学具有道德教育价值，能够对道德起到一种解释而非布道、灌输的作用[1]。涂尔干将课堂教学分为科学教育、审美教育（文艺教育）和社会科学教育（历史教育），并分别探究了这些教学的道德教育价值。在涂尔干看来，科学教育所具有的道德教育价值在于自然科学能够提供有关人和物的精确知识，能够引导人形成科学地看待事物的良好理性习惯。例如，物理学科能够帮助学生形成用实验、观察等科学方式看待事物的习惯。生物学科更具有德育价值，能帮助学生从有机体的生物现象中获得重要的道德认识。有机体虽由细胞组成，但并不等于所有细胞的总和，其作为整体大于所有细胞的总和。由此，学生能够明白整体大于部分之和的道理。这种道理反映在社会现象上，就能帮助学生形成社会比个体更重要的社会观。

相比科学课所具有的德育价值，涂尔干认为赫尔巴特赋予文学、诗歌等文艺课所具有的德育价值，有些言过其实。尽管审美教育能够让人走出自我，但审美对象本身是一种意象，而意象作为心理现象则

[1] DURKHEIM E. Moral Education[M]. New York：The Free Press of Glencoe, 1961：120.

属于梦幻世界，是心灵随意游戏的世界，它只能传递虚幻的意象，不能传递道德戒律，也不能传递概念。因此，涂尔干认为审美教育即便有道德教育作用，也是次要、附属的，科学教育在儿童道德品质形成的过程中，远比文艺教育重要。除了科学教育、文艺教育，社会科学教育也具有道德教育价值。而最能提供有关社会特征、社会构造的是历史学科。因此，学校的历史教学更应该发挥道德教育的作用，让学生从历史中感受社会的实在性，感受社会是人存在不可分割的组成部分，并能从典型的历史事件中感受民族品格，获得有关自己国家的民族品质的清晰观念，从而帮助学生形成社会观念、社会性情感，以及集体的思维方式。

涂尔干通过对学校环境的整体改造，对课程教学的道德教育价值的开发，将学校这一传统的教学机构建构为具有培养人的社会性、道德性的新功能。在涂尔干看来，学校道德教育是现代国家唯一能够找到的进行道德教育实践的途径。只有现代学校才能够强化人的社会性，培养人的社会性倾向，帮助学生为未来公民生活作准备。因此，学校是学生从家庭生活走向政治社会不可或缺的中介，是现代民族国家进行道德教育的必不可少的工具。通过学校道德教育，涂尔干为解决现代国家或者说现代政治中的道德基础问题提供了一个解决方案。

杜威在学校道德教育问题上与涂尔干的思想如出一辙，同样肯定了学校在现代社会中的德育地位。但在杜威看来，学校需要重建，需要进一步明确学校对社会具有的道德价值、道德功能，将学校重建为具有社会性、社会价值的社会机构，才能实现学校在民主社会所承担的道德责任。杜威指出，人的品质就是能够觉察社会处境的社会性理智力与训练过的社会行动力，有效地服务于社会利益和目标的道德动机和道德力量[1]。因此，学校道德教育应该培养学生的社会性理智、社会性行动力、社会性兴趣。对此，杜威也采取了涂尔干的思路，注重对学校整体环境和课程教学的改造。

首先，在杜威看来，学校要成为有效的开展道德训练的地方，就应该成为一种“共同生活”，使学生在学校组织的各种活动、设计的各类工作场所，以及安排的各种群体劳作和游戏中，能够感受到社会性氛围，并相互交流形成共同经验，从而培养学生的社会敏感性和社会性兴趣，具有真正的社会精神。

其次，学校还应使学生在校内的课程学习真正具有社会价值、道德教育价值。在杜威看来，学校的最高目标是培养学生的品质，如果占据学生大部分在校时间，用于获得知识和增加理解力的课程教学不能促进学生品质的发展，那么学校的道德教育肯定是无望的[2]。但这些课程教学所具有的德育价值并非赫尔巴特设想通过对经典作品的教学而实现的，也不同于涂尔干主张通过对学校各类教学的德育价值进行分类而实现的。杜威为课程教学的德育价值建立了新的统一标准，即应当反映当下生活，符合学生的心理发展。这对应了杜威提出的学校道德教育的两大原则：道德的社会化和心理化原则。无论是学校

[1] DEWEY J. Ethical principles underlying education [M]. The Third Yearbook of the National Herbart Society. Chicago : The Society, 1897 : 26.

[2] 杜威. 杜威全集·中期著作：第九卷 [M]. 俞吾金，等，译. 上海：华东师范大学出版社，2012 : 281.

中直接的道德教学，地理、历史、科学等学科间接的道德教学，还是学校设计的其他活动，都应符合上述标准。对此，杜威一方面注重课程、教材、教与学的方法与当下社会生活的联系，凸显三者蕴含的社会价值，以此培养学生的社会性兴趣、社会性理智、社会精神；另一方面也凸显各种课程教学的心理化与活动化，强调这些内容应该适应学生的本能、冲动，让学生直接进入学习活动中。由此，学生从各种课程教学、活动中获得的知识，是与自身的冲动和习惯相联系的，而且是学生的实际生活中能够不断地尝试和检验的第一手知识，以确保知识对学生道德发展的有效性。

杜威在涂尔干学校道德教育的设想的基础之上，基于自己的社会立场和儿童立场，对学校教学活动进行了进一步改造，使学生在校内学的内容能够真正用于校外生活，解决了学校道德教育中“学”道德与“用”道德的割裂问题，使学校成为真正的道德教育机构。可以看到，杜威的上述想法在相当大的程度上延续了“从知识到道德”的道德教化设想，但他更为重视知识本身的社会意义、生活意义，并以此强化知识的道德性和学校教学的道德性。同时，通过凸显学生对知识的“学”，以及知识与学生心理活动的关系、与学生实际生活的联系，强化学校教学对学生品格的影响，以此改造现代学校道德教育图景。此外，杜威在其实用主义的哲学立场和儿童立场上，并不单一地强调道德的知性因素，同时也强调道德的实践性和活动性，使学生能够从直接的交往活动、具体的学习活动和其他实践活动中获得道德发展。杜威将这些想法引入现代学校体系，进一步突破了学校作为教学机构的单一功能，加强了现代学校的德育功能。

3. 现代道德教师的学校化

赫尔巴特的教育性教学思想以及涂尔干和杜威对学校作为道德教育机构的整体改造，基本上形成了现代学校道德教育框架，创造了道德教育进入现代学校体系的可能性。因此，在更高的意义上，他们确立了学校在现代世俗国家中的道德地位和重要性。而道德教育的学校化，也为道德教师的现代身份提供了可能。

在上述三位思想家构想的现代学校道德教育框架中，学校道德教育可以分为学校整体环境的德育性和课程教学的德育性两大部分。据此，学校教师的道德教育工作可以分为以下两个方面。

第一，学校管理者或教师应该有意识地将学校建设为一个整体上具有道德教育性的环境。根据涂尔干的设想，教师可以从教的角度，注重学校纪律和集体生活的作用，培养学生的纪律精神和集体的依恋感。而按照杜威的想法，教师则要从学生学的角度，注重学校共同体生活及各种活动的建设，使学生在学校这一共同生活中民主地交往，具有民主社会所需的社会精神。尽管涂尔干与杜威教育立场的侧重点不同，但二者都强调学校作为整体环境，其方方面面都应该具有道德教育价值。因此，学校教师的工作也应该利用学校整体环境进行道德教育。正如杜威所言，学校所蕴含的道德教育性原则，是内在于学校的共同体生活。任何信奉这一观点的教师，都会从每个学科、每种教学方法、每个学校生活的片段中找到孕育道德的可能性[1]。

第二，从课程教学来看，学校教师应明确课程教学不能为了知识而知识，必须凸显知识的道德教育价值。按照赫尔巴特的设想，各个学科教师应该通过教学扩展学生的思想范围，扩大学生的视野，从而能够在学生不确定的、多样的心灵活动中催生道德意志。而按照涂尔干的设想，无论是科学课教师还是社会课教师，都可以培养学生理性的、科学的、集体的思维方法及社会性。在杜威看来，对课程的学习本身也可以培养学生思想开明、专心、真诚、视野开阔等学习态度和思维方式，因而课程学习本身就具有道德教育价值。此外，杜威还开创性地设计了学校的活动课程，将半是游戏半是严肃的工作（学习）环境变成学生精神和道德成长的环境，以此帮助学生的理性能力、情感倾向和实践能力的发展都具有社会性。

经现代教育思想家之手，现代学校已经在理论上被构造为一个具有道德教育目的、道德教育手段的育人空间。其中，学校教师的道德教育职责也得到了分工和安排。道德教育的学校化，意味着道德教师的学校化。学校教师就此成为道德教师必不可少的现代性身份。

三、古典与现代之争：“寻师”“造师”抑或“无师”

上文通过考察西方道德思想史，大体勾勒了西方思想家对道德教师身份的理论认识。如何看待这些理论认识呢？对此，需要首先回顾

[1] DEWEY J. Ethical principles underlying education[M]. The Third Yearbook of the National Herbart Society. Chicago: The Society, 1897: 33.

古典观点。

（一）古典观点：寻觅真正的道德教师

古典哲人苏格拉底首先将“谁是道德教师”的问题理论化。苏格拉底一直在追问道德教育的前提性问题，如道德是否可教、道德教师是否存在等。在柏拉图不同的对话篇中，对话者对这些问题的讨论也始终处于开放、有张力的状态，道德时而可教，时而又不可教，道德教师也是时而有，时而没有。然而，这些看似模棱两可、自相矛盾、令人困惑不解的讨论正好反映了道德教育所具有的特殊性，其讨论的结果并不必然得出像自然科学那样确切、明晰的结论，但这也并不意味着毫无人文价值。

苏格拉底将“谁是道德教师”问题化，其显著的人文价值就在于，让人们警惕那些自称掌握道德真理，能让人变好的人。因为在古希腊自由、民主的社会中，有太多人或是为了金钱，或是为了名声，或是其他缘故，想要成为别人的道德教师，成为别人灵魂的“权威”。对于心地单纯的人而言，难以辨识这些巧言令色之徒，也很容易被这些人的名声或风采所倾倒、俘获，而无法判断其对自己灵魂的实质性影响，即使灵魂被毒害，也不容易察觉。在柏拉图笔下，苏格拉底多次帮助同胞辨别那些形形色色的“道德教师”，尤其是帮助青年人在浮华的、喧嚣的智识世界中审查那些自认为德高望重、能做道德教师的人，以免青年人在拜师问题上误入歧途，从而尽可能地找到真正有益于自己灵魂的人。

在不断追问“谁是道德教师”的过程中，柏拉图不仅借苏格拉底之口揭开了那些打着道德之师旗号之徒的真面目，而且以诗学的方式，设想了一位能够做城邦道德之师的人。这种人作为城邦的立法者，似乎具有整全的智慧，对人事洞若观火，能够为邦民安排一套良善的制度，促进城邦形成美善风尚。这种以立法者为师的思想传统，一直传承到卢梭时代。卢梭在其政治论说中，也设想了伟大的立法者通过政制实现道德教化的图景。在卢梭笔下，这位立法者具有洞察并改造人性的智慧，他通过采取与民众本性相适应的教育方式，借助道德风尚、社会风俗习惯和国家公共教育体系的作用，将立法者的教化力量逐渐融入人们的日常习惯、道德风尚、风俗传统中。因此，在潜移默化中实现对民众的道德教化，铸造了一个民族的生活方式和民众的普遍性情[1]。不过，卢梭笔下的立法者如同柏拉图的“哲学王”，与其说是现实存在的人物，不如说是对完美的道德教育者的理论想象。立法者作为道德教师的完美形象，只是一种概念化的存在。那么道德之师作为一种理念形式，是否有价值呢？

第一，道德之师作为一种概念化的存在，可以作为标准和尺度，衡量那些据称或自称为道德教师的人。虽说不是每个时代都幸运地拥有像苏格拉底这样的人，能够帮助人们审查那些据称或自称为道德教师的人，但关于道德教师的完美形象，可以作为道德之师的判断标准，帮助人们辨识出那些坑蒙拐骗之徒。

第二，道德教师作为概念化的存在，是人性完美的范型，同时

---

[1] 卢梭．政治制度论［M］．崇明，等，译．北京：华夏出版社，2013：42.

也可以作为一面伟大的镜子，映照人自身，达到反思进而提升人性的作用。

第三，如果道德之师是完美的人，那么这样的人就不可能时时处处地存在。这样的人存在于世，在苏格拉底看来，应该是神赐的礼物，可遇不可求。人们至多可以通过不断地寻觅，期望能够找到他。是否能寻觅到真正的道德教师，这始终是个难题。而现代义务教育制度，似乎免去了学生“寻师”的麻烦，每个进入学校的学生，都必然会遇到学校的道德教师。我们不禁要问，这样的道德教师是怎样产生的？他们能够教授道德吗？

（二）道德教师的“现代制造”及其反思

人们回答“谁是道德教师”并不是难题。因为可以借由现代性条件，对道德教师进行“现代制造”，直接培养能够胜任学校道德教育工作的人。赫尔巴特认为，经过特殊训练的人能够真正培养学生的思想范围，知道如何把人的思想范围伸向各方，并对这些内容的道德性、难易程度进行判断[1]。在专门从事教师培养的德国教育思想家第斯多惠看来，具备自我教育能力的教师自然能通过课堂教学培养学生的道德[2]。涂尔干认为世俗教师是其时代和国家伟大的道德观念的诠释者，可以像牧师作为人和上帝之间的中介那样，帮助儿童与道德实

[1] 赫尔巴特．赫尔巴特文集3[M]．杭州：浙江教育出版社，2002：28．
[2] 第斯多惠．德国教师培养指南[M]．袁一安，译．北京：人民教育出版社，2001：135．

在进行沟通[1]。杜威认为，培养学生道德的教师是具有传道者般的热情和信仰的人，能够构建民主的教育方式，并通过创设各种活动和情境让学生发挥自身本能和冲动的人[2]。

结合现代教师的培养实践，似乎也证明了培养道德教师并非难事。我国教育部于2011年发布的《小学教师专业标准（试行）》预设了小学教师培养机构所培养的小学教师就是合格的道德教师。该专业标准提出了合格的、具有专业素质的小学教师不仅是为人师表者，能够关爱学生，具有德育为先的教育教学理念，而且是能够将小学生的知识学习、能力发展与品德养成结合起来的教育者。这就意味着教师培养机构培养出来的任何一位具有教师资格、专业的小学教师都应该且能够进行道德教育，学校教师人人都应是且必须是道德教师。可见，现代社会完全可以借助各种现代性条件，培养合格的道德教师。

鉴于现代性方案对道德可教性及如何教授道德作出了强大的理论建构，鉴于在实践中借由师资的系统培养，以及现代国家将道德教育作为“法定义务”而赋予教师这一专门职业，人们似乎可以相信现代道德教师是可以培养和“制造”出来的。现代性方案把古人眼中罕见的、难寻的、难遇的道德之师变成了经现代教师培训而人人皆可胜任

---

[1] 涂尔干. 道德教育［M］. 陈光金，等，译. 上海：上海人民出版社，2006：115.

[2] 涂诗万. 杜威论“好教师”与“弱教师”［J］. 全球教育展望. 2017（6）：70-84.

的职业化群体[1]。然而，如果审慎地对待古典意见，人们就很有可能对这种方案产生怀疑。此外，现代学校道德教育看起来也并不令人满意，更诡异的是在现实调查中，学校教师似乎并不认同自己的道德教育者身份[2]。

人们可能认为现代道德教育任重道远，学校道德教育的成功不可能一蹴而就，而学校教师在道德教育相关的品质、知识、技能方面也还有很大的提升空间[3]。因此，人们相信现代性方案，在此基础上会坚持不懈地向前推进，现代学校终究可以成为真正的道德教育机构，学校教师也终究会成为真正的道德教师。对这些未曾反思的现代性信念，我们还需要进一步考察。对此，我们不妨再审视卢梭的道德教育思想。

卢梭始终在思考一个真正的道德教师存在的可能性，思考这样的人应具有什么样的品质、知识和才能，以及这样的人会持有什么样的

[1] 高德胜教授指出，现代教育的正规化首先体现在教师的专门化、专业化。现代教育已经彻底克服了苏格拉底“无人能做教师”的心理障碍，逐步建立起了一套完整的专业教师的选择、培训、获得资格制度，教师选任制度化。参见高德胜：《论道德作为现代教育之代价》，《高等教育研究》2013年第10期，第1-9页。

[2] 2017年，重庆市教育科学研究院原德育中心主任陶元红教研员对重庆1 500多名品德课教师进行在线匿名调查。有许多教师认为应该有专职化的品德课教师，语文课教师或者其他学科的教师不愿或不能承担品德课教学。因而，与现代教育思想家预设的教学的道德教育性或教学是为了道德的思想相反，教师们似乎并不认同自己的道德教育者身份，只认同自己的学科教学人员身份。就教师们的实际观点而言，教学与道德教育是两码事。

[3] 如当前日本学者就建议，需要进一步完善教师的道德教学材料，改进教师道德教学方式的有效性。参见Mayumi Nishino，The Challenge of Developing Meaningful Curriculum Initiatives for Moral Education in Japan，Journal of Moral Education，Vol.46，2017。

动机对学生进行道德教育。显然，这些思考所指向的道德教师标准，仍旧是一个非一般人能达到的“高标”。对于这样的道德教师，我们只有不断地寻觅才能找到。即便找到这样的教师，也难以满足现代大规模、普及化的学校教育对德育师资巨大需求的现实。为了满足现代学校教育的师资需求，其预设的道德教师标准必须下降，否则让所有学校教师都符合道德教师的“高标”显然是不可能的。在卢梭那里，本是卓越、非凡的道德教师变成了适应现代学校需要的合格的道德教师。这也意味着道德教师标准不仅要实质性地下降，而且这种标准还要分解为可衡量、可评估的表现，以此判定学校教师作为道德教师是否“达标”、是否“合格”。在这种思路指引下，首先应将学校教师的道德教育事务分解为诸多学校德育工作，如学校和班级德育工作、直接或间接的道德教学工作、学生品行问题的评定工作等。然后，再根据这些事务所需的知识、技能、态度、价值观等内容，具体设计合格的道德教师的培养方案。这种“任务驱动型”的思路能培养出道德教师吗？

道德教师就是帮助、引导学生过道德生活的人。既然如此，这其中蕴涵着一个前提条件，即道德教师本人过的就是道德生活。如果道德教师自己过的生活就是非道德的，却要让人们相信这种教师可以教其他人过道德生活，这似乎是不可能的。这种“任务驱动型”的道德教师培养思路，能够帮助教师本人过道德生活吗？可以看到，这种“任务驱动型”的教师培养是无差别化的，道德教师的培养仅视为一项“师资培养任务”，其性质是一项教师职业培养、专业素质与技能的培养，并不关注这种培养是否对教师个人生活有影响。其培养过程并不涉及教师个体的整体生命历程，也不关心教师的个人生平情境，更不会顾及教师的个性。这种“分裂式”的教师培养再次犯下杜威指出的现代道德教育痼疾，即只教给人关于道德的观念，而对人自己生活中的道德无丝毫影响[1]。若是如此，就很难让人相信这种教师所教的内容能够真正作用于学生的生活，帮助学生过道德的生活。

上述追问至少让道德教师的现代培养思路看起来并非毫无问题。然而，人们似乎不愿意相信道德教师不存在，也不愿意相信道德不可教授，否则，现代人如何成为道德人呢？对此，有学者解释道，现代性试图让人们从表面上相信道德是可以教授的，而且人们已经被教授了道德，尽管在实质上他们并没有被教授任何东西[2]。因为现代性似乎并不依靠道德教育解决现代人的道德问题，而是靠现代科技、现代政治解决道德问题，后者远比前者有效、可靠[3]。这就意味着在现代性中隐含着这样的立场，即道德教育只是一个可有可无的摆设，是否存在道德教师、道德教师是否教授了道德，这些都不再是紧要的问题。

---

[1] 赵祥麟，王承绪．杜威教育名篇［M］．北京：教育科学出版社，2006：82．
[2] 刘小枫，陈少明．美德可教吗？［M］．北京：华夏出版社，2005：9．
[3] 鲁洁先生指出：“道德教育追赶现代化，也许只不过是一厢情愿，现代化的过程其实早把道德、道德教育扫地出门了。现代化实际上造成人类空前的道德危机。这种危机要讲它的本质，不是道德多一点、少一点的问题，而是要不要道德的问题。”参见鲁洁：《回望八十年：鲁洁教育口述史》，教育科学出版社2014年版，第246-247页。

（三）“无师”：从道德教师到道德学习者

对于“谁是道德教师”这一问题，古今的理论认识充满了内在的张力。处于张力一端的观点认为不可能存在道德教师，而另一端则认为不仅存在道德教师，而且还可以培养出道德教师。人们应该如何面对这种矛盾观点呢？

抑或应该回到柏拉图《美诺篇》，重新提出美诺的问题：“你能不能告诉我，苏格拉底呀，品德是可以传授的呢，还是锻炼成功的？如果既不能教，又不能练，是不是人本来就有的，还是用什么别的方法取得的？”[1]这一连串问题实质上是在询问人如何获得道德。可见，道德教育的根本问题是人如何获得道德，而非道德是否由人教授。由此可以推想，道德通过他人传授而获得，只是人获得道德的一种猜想而已。因而，即便道德不能教、无人教，也并不能否定人可以成为道德的人。道德在人间的传递方式，也许并非以知识传授或技能传授为模型，“从知识到道德”也并非道德教育领域的“公理”。换句话说，就人类道德教育事务的性质而言，首要的问题并非“谁是道德教师”，而是谁是道德学习者的问题，即谁在学习道德、谁愿意学习道德的问题[2]。

苏格拉底从来就否认自己是教别人道德的老师，但他的言行却实实在在地影响了整个西方的道德传统。尽管苏格拉底从不自称能教授

---

[1] 柏拉图．柏拉图对话集［M］．王太庆，译．北京：商务印书馆，2010：154．
[2] RAJCZI A. Why are There no Expert Teachers of Virtue?［J］. Educational Theory，2003（53）：389-400．

别人什么，但他对道德的关心、对道德的问学方式、对道德的锻炼方式等都让自己成为一个卓越的道德学习者。这样的道德学习者并不向他人传授道德，而是极力帮助他人转向道德，成为道德学习者，让人能够照看自己的灵魂，“教育是让整个灵魂转向和归属于善”[1]。在《普罗泰戈拉篇》中，苏格拉底以其特殊的方式，甚至想把一位自称是道德教授者转变为道德学习者。

从苏格拉底作为道德教师的悖论式范例中，我们能够认识到，在现代学校道德教育中，教师与学生应该是共同学习道德的过程中的同路人、同行者。二者的关系与其说是教与学关系，不如说是“道德学习共同体”的关系——有经验的人引导、帮助初学者或经验较少者。因此，在道德教育领域中，也许根本就不存在道德教师传授道德给道德学习者的问题，而是教师作为有经验的道德学习者尽可能帮助学生转变为真正的道德关心者、道德学习者的问题。基于此，人们完全可以重新想象教师在学生道德成长中的身份，重建师生之间的道德教育关系。这就意味着要大胆改造现代学校道德教师的观念，重设德育教师的身份，重新找到符合道德教育本性的一种“道德传递”的方式。也许，这些开启新的可能性的期望，仍旧是对道德教育现代性处境过于乐观的想象。因为这背后的关键问题依然是现代人是否愿意成为道德学习者。

[1] 布舒奇.《法义》导读［M］. 谭立铸，译. 北京：华夏出版社，2006：129.

第二节
为什么从事德育：
论德育课教师的道义动机及其建构

本节提要：

德育教师为什么要从事德育？履行教师法定的品德教育义务，这是人们惯常的回答。然而，以此为德育教师的执教动机并不充分，也没有实质性地解决教师为什么愿意进行德育实践的问题。以苏格拉底的道德教育实践的道义动机为参照，我们可以进一步挖掘德育教师愿意进行德育实践的动机。这一动机植根于每个人对美善生活的渴望。小学《道德与法治》统编教材回归生活的立场，潜在地具有满足德育教师过美善生活的渴望。这一立场内含教材对美善生活的展现、对高贵灵魂的培育，以及教材对正义、平等社会的追求等。基于此，新教材可以引导教师追求美善生活，做高贵灵魂的守护者和正义社会的保卫者，建构教师德育实践的道义动机。

由教育部统一组织编写的小学《道德与法治》统编教材已在全国范围内开始使用。在对小学教师的新教材培训以及教师对新教材使用情况的调研中，一个难题出现在人们的视野中。这就是在以兼职为主的小学德育课教师群体中，许多教师反映出不愿意执教德育课的想法[1]。许多德育课兼职教师认为，德育课这种副科是自己本职工作之外多余的“负担”。还有些教师出于功利考虑而不想执教德育课。在这些教师看来，教这门课并不能带来个人的职业晋升或薪资报酬的提高。即使付出很多时间和精力在这门课上，教学效果也难以衡量，承担德育课的教学工作往往“得不偿失”。对此，有教师坦言，如果能加大对德育课的重视力度，将德育课与教师个人的职业升迁联系起来，那么教这门课也未尝不可。此外，还有些教师基于真诚的自省，认为自身的道德水平有限，无法胜任道德教育之职，因而拒绝承担德育课的教学。以上反映出小学教师在承担德育课教学任务时存在着动机缺乏、动机功利化、动机不足等问题。

对于这些问题，我们可以从不同的角度展开学术性研究。本文侧重从道义动机角度进行考察。相比其他角度，从道义动机角度开展研究更能关注教师进行德育实践内在的、持久的动因。在笔者看来，能够真正持久地使教师坚持德育实践的动因只可能出于道义。换句话说，只有出于道德、出于正义的动机才能真正促成教师的德育实践。这种道义动机关乎教师个人对德育实践价值性、正当性的理解，是教师个人对德育实践的道义倾向与道义承诺，也是教师个人在现实处境中能否坚持德育实践、遵从德育理想的内生性力量。本文将在重新阐释教师德育实践道义动机的基础上，结合小学《道德与法治》统编教

[1] 2016—2017年，笔者参加南京师范大学道德教育研究所小学品德课国培项目时从一线教师和教研员了解到的情况，以及2017年重庆市教育科学研究院原德育中心主任陶元红教研员对重庆1 500多名品德课教师进行在线调查中反馈的意见。

材，探讨教师德育实践动机建构的理论可能和实践可能，以此增强德育课教师进行德育实践的自觉性、道义性。

一、教师德育实践的道义动机问题

许多现代道德哲学家、教育家相信，道德能够且必须被教授。如康德在其《道德形而上学》中指出：“德性能够并且必须被教授，这是从它并非生而具有得出的；因此，德性论是一种教义。”[1]如果道德真的能够被教授，那么谁能够、谁愿意教授道德呢？对此，法国思想家卢梭早已注意并提出了此问题。

（一）卢梭的问题：谁愿意教育孩子做人

卢梭在《论科学与文艺》中指出，科学的发展、文艺的复兴使学校教育培养了各种科学家、艺术家，但没有真正培养学生如何做人、做公民[2]。因此，学校教育是缺乏道德教育的。在《爱弥儿》中，卢梭试图打开道德教育的现代性可能，为现代社会展现了一个道德教育的范例。卢梭深知在一个自由、民主的时代，实现其道德教育设想的关键在于是否存在合适的道德教师。这类人拥有广博的知识，具备适合其教育工作的各种才能，才智超群、出类拔萃。但这样优秀的人为什么愿意花时间陪伴学生成长，愿意不辞劳苦地教化学生，在卢梭看

---

[1] 康德．康德著作全集第6卷：纯然理性界限内的宗教、道德形而上学［M］．李秋零，主编．北京：中国人民大学出版社，2007：487．

[2] 卢梭．论科学与艺术的复兴是否有助于使风俗日趋纯朴［M］．李平沤，译．北京：商务印书馆，2011：35-37．

来，这并不是一个自明的问题。这种人显然不可能是一个“出售”自己的人，其自由本性不可能让其受制于金钱而教学生。换句话来说，金钱无法买到这样优秀的人的教育。想让这样的卓越者愿意花时间、花精力对学生进行道德教育，合于其自由本性的理由只能是出于天然的义务。在卢梭看来，这种天然的义务就是作为父亲的义务。对学生而言，最好的道德教师乃是他的父亲。这样的父亲受过教育、有教养，愿意做孩子的朋友，并引导其如何做人。如果父亲实在不能教，那么父亲应把教育之职托付给能胜任此职的朋友[1]。因此，无论是父亲还是父亲的朋友，对孩子道德教育的职责本质上源于天然的为人父母的义务。

卢梭以父母天然的义务似乎解决了现代人进行道德教育的动机问题，仿佛现代人有充分的动机教孩子道德一样。但是，这一解决方案是置于完美的家庭教育中，因而看起来更像是理想化的文学虚构，而非对现实问题的严肃回答。此外，卢梭的方案建立在家庭血缘关系之上，并不能适应现代非血缘关系的学校教育制度。尽管如此，卢梭的上述问题意识并没有过时，反而更加激发了人们提出类似的问题：在非血缘的现代学校师生关系中，教师为什么愿意教育学生做人，为什么愿意对学生进行道德教育呢?

---

[1] ROUSSEAU J. Emile or On Education[M]. New York: Basic Books, 1979: 49-51.

（二）现代策略：以法定义务为实践动机

现代学校教育是大众化、普及性教育，对师资有巨大需求。数量如此庞大的教师群体为什么愿意教学生道德呢？对此，人们常常认为这并非取决于教师的个人意愿，而在于每个从事教师职业的人必须履行的职业要求。许多现代教育思想家都认为所有的学校教师都应该教学生道德。只是因为学科化分和具体职责的不同，学校教师可以以不同的方式进行道德教育。像涂尔干、杜威等思想家都明确提出学校中不同学科、不同职责的教师进行道德教育的方法。这也体现在教师职业的相关法律中，教师进行道德教育被确定为教师的法定义务。如在我国的《中华人民共和国教师法》中，规定所有教师都具有对学生进行思想品德教育的义务。因此，在实践中，教师德育实践动机就表现为教师是否尽职、尽义务。

以法定义务作为教师德育实践的道义动机，这一想法和做法颇有吸引力，似乎能够解决教师德育实践动机问题。第一，教师的德育义务作为法定义务，在法律上可强制保障实施。第二，这一做法解决了德育实践动机的道义性问题。按照康德的立场，出于义务而行的动机具有道德上的纯粹性，是真正的道德动机。第三，教师的德育义务作为法定义务是对所有教师提出的普遍性要求。因此，将法定义务设定为所有教师都应具有的动机，可以适应现代教师职业的群体性特征，符合对数量众多的教师群体进行管理的需要。从上述分析来看，以法定义务作为教师德育实践的道义动机具有充分的理论根据，看起来符合现代教育的实际。但也因其存在一些问题，而让人们怀疑其实际可行性。尽管在现实中，教师在口头上谁也不会否认自己有道德教育义务，但一旦让其承担德育课的教学时，就会出现诸如推脱、卸责的情况，难免让人怀疑上述义务论思路是否真正解决了教师德育实践动机的问题，是否对教师具有实质性的约束力。对此，我们需要进一步检视以法定义务作为教师德育实践道义动机的可能性。

（三）义务论道德动机的实践与理论困局

以法定义务作为教师德育实践的道义动机建基于康德的义务论伦理学说基础之上。康德的义务论要求人们道德行动的根据和理由必然出于义务，也就是坚定地服从自己作为理性存在者发出的道德命令。以义务作为人行动的道德动机，康德意在摒除人后天各种质料动机的影响，从而为人的道德行动找到绝对可靠的实践理由和动因。如此才能配得上人作为理性存在者的崇高尊严与自由意志[1]。按照康德上述理论框架，教师德育实践的道义动机就是教师完全出于道德教育的义务要求，在理解并敬重这一义务的基础上，在实践中坚定不移地履行此义务。然而，这种义务论思路遭遇了实践与理论的困局。

在实践中，义务论推行者并不能持之以恒地坚持义务论，在明里暗里仍将个人私利作为教师德育实践的实际动机，这显然违背了义务论力图克服个人私欲的道德初衷。面对现实中许多教师没有履行义务的问题，有论者提出应加强教师的道德教育、法律教育，明确教师不

[1] 康德．道德形而上学奠基［M］．杨云飞，译．北京：人民出版社，2013：19-22．

履行义务应受到的惩罚，并采取提高教师待遇等保障措施。但是，利用惩罚和提高待遇的做法来促使教师履行德育义务，这并不是出于教师道德教育的义务，而是出于教师个人害怕惩罚、渴求利益的欲求。这些满足个人趋利避害的主观欲求的措施，显然与康德的主张背道而驰，把教师履行义务的动机又建立在了个人欲求之上，这就不可避免地污染了出于义务而行的这一道德动机的纯粹性。因此，以康德的立场而言，这种动机很难说是道德动机。

20世纪中期以来，美德论伦理学派对康德的义务论提出了越来越多的质疑与批评，这是义务论陷入理论困局的重要原因。在安斯库姆看来，失去了神学根基、始于人自我立法的义务概念应当被抛弃，应该回归更贴近日常生活的道德概念，如柏拉图、亚里士多德等古典哲人常用的幸福、德性等[1]。斯托克则指出，康德的义务论尽管为人们的道德行动提供了足够的理性动因，但这并不足以成为人们真实的实践动机[2]。在斯托克看来，如果沿用义务论作为道德动机的解释框架，容易造成现代人的“道德分裂症”。也就是说，人们尽管出于道德命令的强迫而履行义务，但义务履行者对义务本身没有真正的欲求和喜好。对于这种道德分裂症，廖申白更为直白地指出，尽管出于义务的行为具有道德价值，但对人而言，这种行为还没有展现出突出的内在优点，因而不太可能吸引人，也不值得人们向往[3]。可以看出，上述美德论思想家认为义务论并不能反映人们真实的、日常的道德实践动

[1] 徐向东．美德伦理与道德要求［M］．南京：江苏人民出版社，2007：56．
[2] 徐向东．美德伦理与道德要求［M］．南京：江苏人民出版社，2007：59-60．
[3] 廖申白．伦理学概论［M］．北京：北京师范大学出版社，2009：273．

机。道德动机理论不能只追求理性正确，它还必须回归生活，关注道德行为者的整体生活，反映人真实的欲求状况。这种基于生活的伦理学立场，要求对道德行为的动机解释更具日常性，更能反映人们真实的道德生活动机，而非仅仅是纯粹的、抽象的实践理性推导出来的必然义务。

从上述分析来看，以义务论作为教师德育实践的道义动机的理论基础，不禁让人们怀疑义务这种排他性的道义动机，是否足以解释人类世界复杂的道义动机现象，是否足以促动人们的道德实践。就目前的理论探索而言，许多研究者已在探索道义动机新的解释框架，而不将义务论作为道义动机唯一的理论可能[1]。赫费认为，义务论和美德论实际上代表了两种行为模式，即意志型行为模式和追求型行为模式[2]。在笔者看来，以美德论为基础的追求型行为模式，其道德动机更关乎行为者对美善生活的追求，更贴近行为者的整全生活。在此基础上，人们可以探索并发展一种基于教师整全生活和教师对美善生活追求的道义动机理论。这种动机理论更贴近教师作为一个整全的人，在他的整体生活、个人生平情境、生命历程中，其德育实践道义动机的生发过程。因此，下文试图在阐释西方古典哲人苏格拉底的德育实践动机的基础上，对教师德育实践道义动机提出新的解释模型，以此作为解决当前教师德育实践动机问题的理论指引。

[1] HEINRICHS K，OSER F，LOVAT T. Handbook of Moral Motivation：Theories, Models, Applications [M]. Rotterdam：Sense Publishers，2013：7-24.

[2] 沈国琴. 论赫费道德哲学与亚里士多德幸福论及康德自律论之关系 [J]. 浙江大学学报（人文社会科学版），2011（2）：34-41.

二、道义动机建构的理论可能

苏格拉底通过自己的生活，展现了一种独特的道德教育实践。这种实践并非出于苏格拉底一时的工作职责或生存需要，而是完全渗透在其个人生活之中，并与个人生命的历程密切相连。这种作为生活方式的道德教育实践具体是什么样的呢?

（一）苏格拉底式的道德教育

苏格拉底似乎进行着一种悖谬式的道德教育，一种不以教授他人道德而实现的道德教育[1]。苏格拉底一再宣称自己不是任何人的老师，也不教人任何东西。这样的说辞是苏格拉底自谦的套话，还是其在法庭上自辩的托词，抑或是事实呢?

在苏格拉底看来，无人真正懂得善的知识、道德的本质。人们只能在与他人的对话中、与大家共同的探究中、与自由人的正当论证中，凭借辩证法的力量，从众多的美德意见中不断提升，接近对善好、道德本质的认识。因此，对人而言，他不可能像神那样拥有绝对的道德知识而处于绝对善好的状态，只能处于不断地成为好人的过程中[2]。人至多是道德学习者，不可能是道德学会者[3]。因此，苏格拉底的道德教育实践不是向他人传授道德知识，而是通过对话，和他人一道探究道德。而这种道德对话不仅是认识道德的手段，本身也是道德

[1] 柏拉图. 苏格拉底的申辩［M］. 吴飞，译. 北京：华夏出版社，2007 : 118.
[2] 刘小枫. 柏拉图四书［M］. 北京：生活·读书·新知三联书店，2015 : 120.
[3] 刘小枫. 谁来教育老师——《普罗塔戈拉》发微［M］. 北京：华夏出版社，2015 : 107.

教育手段。通过对话这一德育实践活动，苏格拉底想将那些对道德不闻不问的人、对道德不再有追求的人转变为道德关心者和学习者，让其灵魂不断转向和归属善。苏格拉底自视为城邦的“牛虻”，其作用在于惊醒并劝说同胞，让同胞不要只关心自己的身体、金钱等所属物，而忽略了关心“自己”。这个“自己”也就是人身上最高贵的部分——灵魂。因此，关心自己也就是让灵魂臻于完善。苏格拉底想要劝导自己的朋友和同胞将关心的重点从自己的所属物转向灵魂自身，而关心灵魂的最好方式也就是在生活中，时时通过严肃的对话，和大家在一起共同探问德性、美善。

苏格拉底的对话本身就是一种道德教育实践，不仅开放地邀请所有人不断参与对善好、对美德的追问，同时也以这种方式向在场和不在场的人示范如何关心道德，如何学习道德。对道德的关心和学习就是在生活中与人们不断地谈论什么是善好，什么样的行为是正义的。苏格拉底认为，人所能做的最大的好事，就是天天谈论美德[1]。苏格拉底以道德教育实践作为生活方式，并不只是通过对话在言辞上追问德性，他也通过行动实现自己的德性，在生活中时时操练，并守护道德。在苏格拉底看来，经过艰难的智性努力获得的是关于善好、道德的认识，这些认识很容易溜走，需要在生活中不断操练、践行。只有将这些对道德的真实看法化为自己的生活方式，道德才能真正活在自己的生命中。他在战场上兵败撤退时毫不畏惧，在不利的战争处境中向受伤朋友伸出援手，在参政中始终不屈服于不义的政令，在对话中

[1] 柏拉图. 柏拉图对话集[M]. 王太庆，译. 北京：商务印书馆，2010：50.

帮助年轻的心灵免于浮华智识的污染……这些都是苏格拉底对德性的操练和守护。苏格拉底这种知德必行德的生活方式，向他人展示了道德生活的典范。这在卢梭看来是真正的道德教育：对他人最好的教育就是自己一生的言行记录和美德留传给学生和后人[1]。

苏格拉底的这种悖谬式的道德教育并不传授他人道德，更多地是不断敦促人们关心并学习道德，向人们示范如何关心、学习道德，以及如何践行美德，如何守护道德在人世间的命运。在布鲁姆看来，苏格拉底是特殊的施惠者，他并不直接给予人们什么东西，而是以其为生活方式，向人们昭示了人性的高度，从而激励、提升人，使人更加高贵[2]。因此，苏格拉底作为特别的道德教师，以其生活方式向人们展示了独特的道德教育实践。

（二）苏格拉底式的道义动机

苏格拉底这种充满道德教育实践的生活方式，在平常人看来颇为奇怪。他不关心自己的家庭事务，不关心钱财，不关心自己是否闻达，总是劝告人们，不要只关心自己的身体和钱财而轻视自己的灵魂、德性[3]。在苏格拉底看来，这是经过自己严肃思考并选择的、值得过的生活。那么，苏格拉底为什么要过这样的生活？苏格拉底过这

---

[1] 卢梭．论科学与艺术的复兴是否有助于使风俗日趋纯朴［M］．李平沤，译．北京：商务印书馆，2011：20．

[2] 柏拉图．柏拉图的《会饮》［M］．刘小枫，译．北京：华夏出版社，2003：232．

[3] 柏拉图．柏拉图对话集［M］．王太庆，译．北京：商务印书馆，2010：48-49．

种生活的动机是什么？对此，我们还需要回到苏格拉底提出的一个更为根本的问题上，即什么样的生活值得过。

对普通人而言，“什么样的生活值得过”并非什么迫切、紧要的问题。对操劳、琐碎的日常生活而言，这个问题甚至不值一提。但对苏格拉底而言格外重要，这关乎自己短暂的一生如何有意义、有价值。苏格拉底首先将此问题理论化，使其成为哲学关注的基本问题。什么生活值得过，什么样的生活方式值得选择，首先需要向自我进行证明，而不是亦步亦趋地过一种未经反思的生活。对此，人就需要对自己的生活不断地发出探问。但这种探问不可能一蹴而就地获得某种终极答案，而是需要在生活中时常发出。生活中的事情哪些值得做，哪些不值得做；一个行为是正义的，还是不正义的；一个行为是高贵的，还是卑贱的……这些都需要不断地拷问。这也是苏格拉底将哲学拉回人间的意图，就是想通过哲学，追问什么是人值得过的生活。这是什么样的生活动机？这种动机的道义性何在？

苏格拉底实际上是在追问什么样的生活方式值得过、值得选择。因为对于人这种政治性动物而言，好的生活必然是一种共同的好生活。因此，每个人所追问的好生活、值得过的生活，也必然是与朋友、同胞在一起的共同生活。“什么是共同的好生活”，这不可能是一个人独自遐思的问题，而需要与朋友、同胞一道进行讨论和探索，以便找到人们更好地生活在一起的方式。因此，苏格拉底探究的并非是“我”过什么样生活的问题，而是“我们”过什么样生活的问题；也并非我们“实际上”过什么样生活的问题，而是我们“应该”过什么样生活的问题。

为了大家共同的、值得过的好生活，苏格拉底展开了他持续一生的、对话性的道德教育实践。这种道德教育实践不仅是为了他人，也是为了自己，成就并实现个人的幸福。按亚里士多德对幸福的理解，幸福乃是灵魂合于德性的实现活动。同理，苏格拉底必然是幸福的，因为他所追求的有意义的生活，就是关心灵魂德性，让灵魂在合于德性的实现活动中臻于完善。这种灵魂实现活动体现在苏格拉底的对话实践之中。这种充满理性探究的对话实践活动被亚里士多德视为近于神性的品质[1]。在古希腊哲人看来，灵魂是具有生育性的，通过对话这一严肃而耐心的“农作”，可以帮助其他灵魂生育高贵的“灵魂之子”。这些高贵的“子嗣”要么是美善的言辞，要么是美好的作为与各种德性，如那些伟大诗人给人们留下的高贵言辞，那些伟大的治邦者缔造的政治成就等[2]。苏格拉底认为自己是年轻人的灵魂“接生婆”。通过对话这一灵魂劳作，他可以帮助年轻人灵魂孕育和产生美好，实现灵魂的生育。苏格拉底认为自己的工作是“神样的事情”，也是人能够做的最大的好事，是世人可能享有的极大幸福[3]。

苏格拉底进行道德教育实践活动的道义动机与康德的义务论道义动机不同。从本质上说，前者关注的并非某个单一道德行为的道义动

---

[1] 亚里士多德．尼各马可伦理学［M］．廖申白，译注．北京：商务印书馆，2011：307．

[2] 柏拉图．苏格拉底的申辩［M］．吴飞，译．北京：华夏出版社，2007：239-245．

[3] 刘小枫．柏拉图四书［M］．北京：生活·读书·新知三联书店，2015：397．

机问题，而是贯穿人的一生、关乎人的整体生活的道义动机问题。因此，苏格拉底道德教育实践的道义动机根植于自己对有价值生活的渴望，对美善、正义的持久追寻，对充满正义的共同生活的追求，而非源于某个抽象的道德理性规律。同时，这种道义动机也不像康德义务论那样，将义务视为人道义动机的最终答案，人们只要在往后的生活中坚持履行义务即可。相反，苏格拉底的这种道义动机贯穿人的一生，需要人对生活的每个片段、每个行为的善好与否、正义与否持续地进行考察，不断诚恳地反躬自问。在阿多看来，苏格拉底的这种动机不断地需要更新和重建，不断地追问自己是否真正地、具体地想要做自己认为是正义、和善的事情，不断地强迫自己审查自己的生活方式、他人的生活方式，这是一种纯洁的道义动机[1]。苏格拉底这种独特的道义动机，使他的生活既为他人又为自己，使自己短暂的一生值得过且幸福。

三、道义动机建构的实践可能

苏格拉底的道义动机来自自己对有价值生活的追求，对美善生活的深切渴望。这种动机让苏格拉底拥有了一种以道德教育实践为核心的生活方式。这一动机可否成为一种动机模型，成为建构当前教师德育实践道义动机的参照和指引呢？如果教师能够像苏格拉底那样，深深地渴望自己过有意义的生活，那么教师就有可能意识到

---

[1] 阿多．古代哲学的智慧［M］．张宪，译．上海：上海译文出版社，2012：31-32．

投身道德教育实践并非出于外在要求或外在义务，而是自己的内在要求和内在需要，因为这是与自己有意义的生活密切相关的，甚至是自己有意义的生活的重要组成部分。对此，新德育教材为教师建构以探究并追求有价值、有意义的生活为核心的道义动机提供了潜在的可能。

（一）建构的根本前提：回归生活

新德育教材具有建构教师德育实践道义动机的可能，源于其是以回归生活、建构人有意义的生活为根本指向的。鲁洁先生指出，道德教育的根本作为在于引导人建构有利于人之生成和发展的好生活[1]。德育课堂也是致力于探索并追求生活意义的课堂[2]。新德育教材在引导学生建构有意义的生活时，是否也能潜在地帮助教师探索并建构自己有意义的生活呢？新德育教材的主体内容以儿童的整体生活为对象，包括人与自我、人与他人、人与社会、人与自然的整个关系网络。在向儿童敞开人的整全生活时，教材也在向教师展现生活的整全性，给教师提供一个认识生活的新契机。这就在逻辑上决定了回归生活的教材具有帮助教师建构有意义的生活的可能性。教师可以和学生一道作为生活的同行者，一同做生活的反思者、行动者，建构并创造有意义、有价值的生活。由此可知，教材具有帮助教师建构意义生活

---

[1] 鲁洁．道德教育的根本作为：引导生活的建构［J］．教育研究，2010(6)：3-8．

[2] 鲁洁．行走在意义世界中——小学德育课堂巡视［J］．课程·教材·教法，2006(10)：20-24．

的潜在功能。那么，新教材这种潜在功能是如何实现的呢？

（二）可能的建构方式：过有意义的生活

新教材促动教师追求有意义的生活，并非将某种既定的“好生活”传送给教师，而是通过新教材特有的探究性、对话性、活动化等特点，促动教师思考并追求有意义的生活，引出教师内在的高贵，实现教师的卓越品质。

1. 探究性：追求美善生活

与以往许多小学德育教材不同，新教材对美善生活的展现并不是向教师和学生单向输送某种好生活的愿景，而是呈现一个如何过好生活的探究文本。这种探究不是对一个问题或一个领域探究，也不是一时一地的探究，而是对生活的整全性探究。追求美好生活并非按照某一美好生活的“摹本”一点一滴地照葫芦画瓢完成的，而是必须回到学习者自己的生活进行建构和创造。这种生活的建构和创造以学习者对自己生活进行严肃的思考和探索为前提。对此，我们以教材中的社区邻里生活为例进行说明。

现代生活日新月异，但日新月异的生活并不等于好生活，反而给好生活的追求者提出了更多的难题。随着商品住宅小区的新建，社区邻里生活发生了巨大变化。尽管家家户户的居住条件有了很大的改善，但人们发现“远亲不如近邻”这一俗语所传达出的传统且紧密的社区邻里关系似乎已成为过去，邻里间形成了“相逢不相识”的淡漠状态。对此，人们到底应该“适应”这种现实，还是直面现实，在思索此问题的基础上创造更好的社区邻里生活呢？新教材编写者选择了后者，在三年级下册设计了看似简单却意涵丰富的内容。在《我家的好邻居》一课中，教材首先呈现的是邻居小孩子之间的友好交往的不同情境，由此引出本课邻里交往的学习内容。教材还设计了一个探究性问题：“如果还不认识，该怎样认识他们呢？”[1]对于那些拥有熟识的邻里关系的人而言，此问题有些多余且略显奇怪。既然是邻居，怎么还不认识邻居家的小伙伴呢？然而，对于那些生活在高楼林立的新小区的学生来说，这个问题并不多余，也不奇怪，因为他们确实不认识邻居家的小伙伴。这一教材设计恰好反映了学生生活的现实，从而引出学生真实的生活经验。当然，教材的意图不止于此，旨在希望学生能够将这种生活经验问题化，并展开探究。

如何结识邻居家的小伙伴，这并不是一个简单的问题。对于一些人而言，不认识邻居，不与邻居打交道并不是什么重要的问题。学生也可能发出疑问：我为什么要结交邻居家的小伙伴呢？平日里，自己学习也很忙，家里可玩的东西也很多，因而没有必要结交邻居家的小伙伴。面对这些真实想法，如果教师选择回避，只是一味地说教邻里间本应相互交往，邻里小伙伴本应多结交，那么这样的道德学习无疑是空洞的，并不能让学生体会邻里交往的重要价值，也不会明白探究结识邻居家小伙伴方式的重要性。因此，在解决“如何结识邻居家的小伙伴”的问题之前，还要解决“我为什么要结识邻居家的小伙伴”

---

[1] 中华人民共和国教育部．义务教育教科书道德与法治：三年级下册［M］．北京：人民教育出版社，2018：34．

这一前提性问题。

如果认真地面对此类问题，教师便会发现其中的困难。实际上，“我为什么要结识邻居家的小伙伴”的背后还隐藏着理论问题，比如，人为什么要生活在一起？为什么要共同生活？对于这些艰深的理论问题，教师和学生都不可能进行学术研究。但这并不代表教师和学生不能以他们的方式感受并理解这些问题，并在此基础上作出自己的回答。对学生而言，教材也没有给出此类问题的某种标准答案，而是希望学生能够思索这一问题本身的意涵。因此，新教材在此单元中设计了这样的问题：“为什么我们村叫王家村呢？”“你居住的村庄或社区叫什么名字？你知道这个名字的来历吗？”[1]之所以这样设计，是因为编者希望学生参照这些问题，能够有意识地对自己的生活共同体提出类似的问题。对此，教师是否能够作出相应的教学设计？教师是否能够感受并理解这些问题？

教师如果愿意钻研和琢磨，就自然会想到自己生活的社区，并追问自己：我为什么要生活在社区？能否不生活在社区？我从小生活的村庄，对我的生活意味着什么？如果可以选择，我愿意生活在什么样的社区？当教师反躬自问时，就会意识到共同生活是人的根本需要。就人性而言，人们不可能视离群索居的孤独生活为好生活。人们生活在一起，不仅仅因为共同生活能够给每个人的生活带来便利和互帮互助的实际利益，更为重要的，这是大家在一起的共同生活方式。在这

[1] 中华人民共和国教育部．义务教育教科书道德与法治：三年级下册[M]．北京：人民教育出版社，2018：30．

种共同生活中，人们可以在一起商讨生活的相关事宜，共同经历生活的美好，共同应对生活的困难，拥有共同生活的情感记忆等。对此，教学设计应该以问题为导向，让学生在问题场景中生发出类似的疑问。也许，这种问题化的教学设计，远比向学生提供一些似是而非的答案更能让学生思索和感受自己生活之地的价值和意义，从而为实现引导学生体会社区生活的重要性，对社区产生归属感，愿意参与乃至建构社区生活这一单元目标奠定基础。这种探究性的教材设计，对教师意味着什么呢？

其他册的教材还有类似设计。比如探究学习对学生的一生而言具有的意义，反思小小的手机对家庭生活的影响，从不同职业的劳动者身上体会平等的价值，等等。这些问题在教材中常常以巧妙的、儿童化的方式呈现出来。细心、敏锐的教师总能意识到这些细微的儿童问题蕴含着生活的大问题。教师在反复琢磨和钻研的过程中，就可能发现这些儿童问题背后的生活问题都隐而不彰地“显现”在自己的生活中。如：自己是否也仅把学习视为一种功利性的活动，而看不到学习的本真性价值，体会不到学习本身的快乐；在家中是否过度使用手机，不能很好地陪伴家人，而引来了家人的抱怨；自己在生活中是否也有意无意地轻视体力劳动者……可见，由教材引发的生活探究，有促动教师回到自己生活的可能，利于触发教师对自己生活进行反思，让教师对熟视无睹的生活现象发出疑问，反复追问其价值何在，其美善何在。这些反思和追问都具有将教师重新拉回对美善生活的思考和追求的可能，使教师转变成真正的道德关心者和学习者，在探索美善生活的过程中，重燃对美善生活的渴望和追求。

2. 对话性：引出灵魂的高贵

新教材另一个突出特点就是对话性。新教材从开始编写到最终成文，都在极力追求成为一种“对话文本”。新教材要构建教材与学习者之间的“对话关系”。这种对话关系就是教材能够真正将学习者“邀请”进来，让学习者在教材构建的民主、平等、坦诚、探索的道德学习平台上敞开自己的心扉，真正参与到道德学习中。这一设计的要旨就是让教材作为对话文本真正打开学习者的心灵，引出学习者内在的美好与高贵。

德育教材易落入说教的俗套，道德教育容易变成教师个人的道德独白、道德说教。为了让道德教育进入学习者的心灵，追求能够“刻写在灵魂上”的道德教化，必须首先引出灵魂自身。诚信教育作为道德教育的重要内容，一向是各套德育教材编写的“老”话题。但是，以往的教材更多的是关于“他人”行为是否诚信的道德说教，并不能真正引出学习者自身的诚信问题。这类诚信教育仅仅是刮过学生灵魂的“微风”，而不能引起学生灵魂的“波澜”。新教材注重“对话性”，就是想让教师通过教材对话文本的引导，真正走进学习者的内心。比如“我”为什么做不到诚实，“我”为什么做不到守信等。这种回到“我”自己的对话实践所显现的不只是学生的灵魂，也引出了教师自身的灵魂。当问“‘我’为什么做不到诚实”时，这个问题不只是给学生的问题，最终也留在了教师自己的心里。尤其是自己也做不到诚信时，这一问题更像灵魂中的“另一种声音”浮现出来。此刻，教师是否感受到一种教学生诚信，自己却做不到诚信的反讽呢？教师能否扪心自问：自己有资格教学生道德吗？教师是否感受到一种“道德伪善”的恐惧和压力呢？对自己灵魂的引出，教师是什么样的心情呢？恐惧、害怕，想要遮掩，还是完全无所谓呢？

德育课教师往往面临着较高的道德期待。这种道德期待不仅来自他人，也来自自己。这种道德期待容易成为一种道德压力，甚至让教师拒绝承担德育课的教学，以免负有道德伪善者的恶名。但是，德育课教师做不到向学生传达道德教诲，并不能说明其就是道德伪善者。当人们所想、所言、所行不一致时，我们并不能简单地判为道德伪善。在教育学视界中，所想、所言、所行不一致充满了教育的契机，蕴含着走向道德的可能[1]。按照苏格拉底的看法，道德教师仍旧是一个道德学习者，只不过比学生拥有更多的道德学习经验，其所能做的事情就是帮助他人转变为真正的道德关心者和道德学习者。教师也许会对德育课教师的道德期待感到释怀，进而更为关注自己的道德学习和道德锻炼。因此，教材在引出学生真实的灵魂时，教师灵魂的真实状态也被引出，当发现自己灵魂不高贵、德行有欠缺时，对那些真正“诚己”并自视为道德学习者的教师而言，这并不可怕，反而获得了一个激励自己道德成长的契机，促使自己在道德学习的道路上更为精进。

此外，这种引出灵魂的真实对话，能够实现高贵灵魂之间的相互滋养。在新教材三年级下册《爱心的传递者》一课中，对爱心话题设计的内容旨在引导学生体会对他人默默地、不露痕迹地关心就是爱

[1] 高德胜. 道德伪善的教育学思考[J]. 全球教育展望，2018(11)：28-43.

心。这部分内容在课堂试教时，许多学生回忆了自己生活中有关爱心的事情。比如，有人在教室中帮助呕吐的同学打扫卫生，有人默默地陪伴脚受伤的同学上厕所，有人默默地帮助同学做好了课前准备等。这些生活小事寂然地流淌在学生的日常生活中，经由德育课，这些真实、细微之事所蕴藏的精神性、高贵性被显露出来。无论是讲述者还是听者都经历了一种美好，并被这种美好所打动，彼此在心中默默地孕育类似的爱心，希望在平常生活中也能做这样美好的事情。因此，学生灵魂的高贵也可能引出教师灵魂的高贵，也会滋养教师的灵魂，让教师自己变得高贵。这是最高意义的教学相长，即“灵魂相长”。正如苏格拉底所言，灵魂只能接近其相似物。而善好、美德、正义是灵魂真正的“相似物”，受这些“相似物”滋养的灵魂也必然能够滋养其他灵魂，让其他灵魂也变得高贵。

3. 活动化：实现教师的德性

新教材第三个特点就是活动化。新教材的活动化带来了德育课堂的活动化。这种课堂教学的活动化对教师而言，可能存在一些认识上的误区。一种误区是认为活动化课堂就是让学生表演各种节目。在这种课堂中教师好像化身为电视节目的编导和表演者。另一种误区是活动化的课堂太过热闹，学生的表现不可控。这些认识误区阻碍了教师对活动化课堂教学的探索。如若按照新教材回归生活的理念及其注重探究性、对话性的特征来看，课堂教学的活动化就不可能是一个特殊的、非生活化的教育空间，它原本就应该带着“生活性”。也就是说，活动化课堂原本就带有常态生活的烙印。教师和学生的课堂用语是生活化的对话语言，课堂活动反映的是生活主题的内容，许多教学活动设计情境本身也是生活化的。因此，基于生活的活动化课堂并不需要某种临时、刻意的设计，也不需要过分修饰、雕琢的表演。如果没有厚实的生活内容的支撑而不能引出真实的生活，那么这种表演性、技巧性的活动化课堂也终究流于空洞，不能成为充满生活气息的课堂。

试教中有节课让笔者深受感动。这是一节来自农村地区的课，内容是一年级上册《美丽的冬天》一课。课堂上包括教师只有11人，课桌椅老旧，教学课件内容也无新意，教师的教学用语、教学活动的组织也较为呆板，但却有不乏闪光的地方，这体现在教师向学生提出的几个问题。“我们回忆一下，你们在上学路上看到了什么？前几天，你看到山上有什么？另外，你现在家里多了一点什么？你现在身上多了一些什么？”通过这几个简单的问题，学生一下子就回到了自己熟悉的生活，他们的目光和对问题的回答就充满了灵气和生气，引出了自己过冬天的经验：生火炉、穿厚衣，看到了山上的雪、地上的落叶和枯草……这些闪光处在课堂中散发出质朴的生活气息，也显露出活动化课堂的实质。真正的活动化课堂不是文艺表演课堂，而是让学生生命整体活起来的课堂，是充满生活气息、儿童生命深深参与并卷入其中的课堂。

新教材设计的活动化学习为学生整体生命的投入创造了条件。这种活动化课堂何尝不是为教师整体生命的投入创造了条件？这种活动化课堂需要教师投入的不只是自己的专业知识、专业技能、专业素养，也有教师个人的生活经验、人生智慧和生活态度。这种活动化课堂潜在地显现了教师的整体品质。这种整体品质除了显现教师与教学相关的知识储备和技能外，更显现出教师对学生的爱、对学生的真实关心，显现出教师在平常教学中对学生在思维、言语、行为等方面的教化。因此，由教师整体生命忘我地投入而形成的一节德育课，其生活内涵、生命厚度是那些过分矫饰与雕琢的德育课堂无法企及的。上文所讲述的《美丽的冬天》一课，就让笔者感受到执教教师经年累月积淀下来、在德育课堂上自然散发的整体品质。一节又一节的德育课绵延了教师整个职业生涯，它们不仅是教师整体品质的培育空间，也是教师整体品质不断得以展现的实践空间。真正的活动化课堂是教师可以达至卓越、教师德性得以绽放的空间。

结语：超越的可能

德育课教师是影响新教材发挥教育功能的关键。如果教材不能影响教师的观念，不能促进教师过道德的生活，不能增强教师德育实践的动机和信心，那么德育课即便有新理念、新教材，其前景也会黯淡。基于德育生活论的教材潜在地具有建构教师道义动机的可能性，这种以实现有意义的生活作为教师德育实践道义动机是可以普遍化的。没有人看起来想过无意义的生活，但不同的是人们对“什么是有意义的生活”和“如何才能过有意义的生活”有理解上的差别。对此，新教材只是提供了一个探究空间，让教师去探索和建构有意义的生活。而这种充满探究性与灵魂对话性、自我得到充分展现的生活，算不算是有意义的生活，并不需要理论去证明，只需要教师本人去感受、选择。将教师对有意义的生活的探究和追求作为教师德育实践道义动机的动力源泉，是新教材能够重建教师德育实践道义动机的真正可能所在。这种建构思路也具有帮助教师超越功利动机的可能。按照古希腊哲人的看法，人的“利”不仅包括金钱、物质待遇、个人名声等外在利益，还包括勇敢、智慧、节制、正义等灵魂利益[1]。功利化的德育实践动机实质上把教师整全的、充满异质性的“利”，简化为单一的物质利益，这必然窄化教师对自身利益的整体性理解，而终将最高的灵魂之利排除在外。这样无疑是舍本逐末、买椟还珠。从促动教师追求有意义的生活就是让教师重新看重灵魂之利，追求整全的幸福。

就教材对教师道义动机的促动作用而言，上述探究实质上也是在探索德育教材的潜在功能。尽管这种潜在功能看起来细微，甚至常被遮蔽、被忽略，但是教材仍旧具有一种绵恒之力。这种绵恒之力来自德育教材的本质。好的德育教材不只是课堂学习用具，本质上也是陪伴人成长的“好书”，是人们可以在课堂之外仍旧可以学习的书。因此，这种“好书”不仅可以作为学生的同龄人陪伴他们成长，也可以作为教师的成长陪伴，帮助教师建构自己有意义的生活，实现教师的幸福。

---

[1] 亚里士多德. 尼各马可伦理学[M]. 廖申白，译注. 北京：商务印书馆，2011：21-22.

附录：
教材编写故事

1. “夜不能寐，食不甘味”
——略记鲁洁先生对小学《道德与法治》统编教材的付出

2011年秋，鲁洁先生找我及其他同事到她家里商议，征求我们能否接受小学统编教材编写任务的意见。我们都知道鲁先生当时的难处，一是81岁高龄的老人家在前一年才做完第三次肿瘤手术，大病初愈；二是多年生活在一起的女婿突发脑溢血别她而去，白发人送黑发人。另外，先生在新中国成立前加入地下党，拳拳报国之心从未减退，更重要的是，先生热爱儿童，愿意为儿童贡献一切。作为弟子，我们对先生的处境感同身受，对老人家的使命感、责任感也是体察至深。当时就表态，如果先生接受了任务，我们一定全力辅助先生去完成。

鲁洁先生是南京师范大学资深教授、著名教育学家，是改革开放之后我国德育学科的开创者、奠基人，对近三十年来我国德育学科的发展作出了杰出贡献。在新课程改革中，鲁先生主持制定的《义务教育品德与生活课程标准（2011年版）》《义务教育品德与社会课程标准

（2011年版）》得到了社会各界尤其是广大一线教师的认可，使德育课程与教材面貌一新。

鲁先生后来说，我们的支持给了她很大的信心，促使她敢于接下这一艰巨的任务。其实，我们从一开始就知道鲁先生会接受任务，这是由她这一辈学者强烈的使命感、责任感所决定的。

编写工作启动之后，鲁先生以80多岁高龄与编写组一起讨论教材的基本思路和框架结构。我们先后开会十多次，学习中央文件和课程标准，讨论并确定教材的价值观、道德观、德育观、文化观、自然观、历史观、功能观。在讨论中，鲁先生总是准备得最为充分，针对很多问题列出提纲，甚至写出了文字稿。

在基本思路确定下来之后，最难的就是搭建教材框架。框架搭建从表面上看是一个内容分配的技术性问题，但实际上是探寻教育规律的教育性问题。某个内容放在特定的年段，能够让学生理解，这只是最初级的要求。如何通过这个内容激发学生对个人和社会生活进行积极探索，那才是较高的要求。为了搭好框架，我们开了二十多次研讨会，鲁先生全程参加，与我们一样一坐就是一整天，有时还要晚上加班。先生每次开会都会带来大批书籍资料，还拿出记得密密麻麻的笔记本。每到关键难点，先生总是能够给出高屋建瓴的指导意见，带领大家走出困境。

鲁先生的文件袋是编写组的“百宝箱”，让人印象尤为深刻。先生为了编好教材，在日常读书、读报时还为教材收集素材，遇到合适的故事、材料、图片都会复印或裁剪下来，然后分类加上标签，到开会时交给相关主题的编者。小学《道德与法治》统编教材涉及学科众多，很多主题在学术上还是研究空白。在编写过程中，编写组常常遇到挑战。为了解决一个问题，打通一个思路，设计一个方案，鲁先生常常夜不能寐，食不甘味。在教材编写的紧张时期，先生常常一大早就打来电话或发来邮件，与我交流她一夜未睡的思考所得。

2013年4月，三年级下册教材几经修改，初稿已经成型，准备去小学试教。编写组一遇到不能达成共识的问题，鲁先生总是说："去问问儿童，他们才是最大的权威。"因此，鲁先生非常重视试教，特意要求我们，将关于交通发展等城市味道比较浓的课放在农村小学试讲，看看农村儿童有什么反应，能不能理解。4月18日这天，试讲安排在南京市江宁区铜井镇中心小学，这里与安徽交界，距南京主城区约50千米。早上6点30分，我们到仙林大学城接上老人家，当赶到铜井中心小学时，学校第一节课还没有开始。这一天安排了6节课，当时83岁高龄的鲁先生与大家一起坐在教室后面的小板凳上听课，认真做笔记，课间还与小朋友聊天，向他们请教。教室里儿童坐的板凳小，大人坐不太稳。当时忽然听到哐当一声，回头一看，那是鲁先生坐的小板凳倒了，先生差一点儿摔倒，这把我们惊出了一身冷汗。后来，学校老师专门搬了把椅子给鲁先生坐，大家才放心。

中午，在学校会议室里，我们就上午4节课所发现的问题进行讨论，并及时听取上课教师和小学生代表的意见，编写组通过充分交流，拟定了每个环节的修改思路。下午，我们又听了两节课，然后再接着讨论。记得当时讨论的是《四通八达的交通》这一课，大家觉得这一稿贯彻了鲁先生提出的“见物又见人”的思想，即讲交通的发展，不能只讲交通设施的进步，还要讲交通发展背后人的努力，比上一稿有进步。课文虽然列举了交通系统不同岗位上人们辛苦工作的场景，但还不具体、不感人。这该怎么办呢？大家一时都没有想到好的思路。这时，鲁先生从她那厚厚的文件袋里翻出《春运售票员的一天》这篇文章，大家传阅之后豁然开朗。如果说不同岗位上人们辛苦工作的场景是“面”，那么这个生动感人的故事就是一个“点”，点面一结合，教材一下子就生动了起来。

为儿童编写教材是一项光荣而艰巨的任务。对编写任务的艰巨性，只有亲身参与者才有真切体会。当然，也正是这种艰巨性，让我们见证了鲁先生对教育事业、对广大儿童的无限热爱！

（作者：高德胜，华东师范大学课程与教学研究所专职研究员）

2. 一篇课文成型的“12道工序”

没有编写过教材的人，大多只能通过自己的想象去猜想教材的编写过程。对此，有的人觉得很神秘，有的人则认为很简单。实际上，教材编写是一项非常专业的工作，不神秘，但也绝不简单。这里结合小学《道德与法治》统编教材的编写，我介绍一下一篇课文送审稿的诞生过程。

第一步是确定教育主题。教育主题的确定要从全套教材的角度进行通盘考虑。为此，要展开多项工作，包括研究课程标准，研究已有的儿童思想道德发展学术成果，调研和了解当下儿童的发展状况和实际需要等。编写组通过十多次调研活动、二十多次的学术研讨才完成教材整体设计，并通过了教育部组织的教材基本思路与框架审查。

第二步是找到一篇课文的起点。每篇课文都是一个教育主题的体现，承载着特定的教育目标。落实任何教育主题的起点都是儿童。因此，需要摸清儿童在一个特定教育论题上的现有基础、困惑所在、迫切需要，这些都是课文设计的起点。为此，我们在课文设计之前进行了充分的调研，通过问卷、座谈等形式，摸清儿童发展的真实情况。

第三步是收集、学习相关理论与实践研究成果。编写组就相关主题收集、学习相关研究成果，了解相关主题学术研究的基本状况。比如，关于友谊的教育话题，需要阅读有关儿童友谊发展的学术研究文献，为课文设计确定理论基础，保证课文编写的科学性。

第四步是“最佳教育方案”的选择。编写组根据实际调研和理论学习的成果，提出各种落实教育主题的设计方案，通过“头脑风暴”选择“最佳教育方案”，并将其他方案的优点与可取之处吸收进来，确定课文设计的基本思路和基本框架。

第五步是设计方案的落实。课文的具体编写者收集资料，落实集体确定的编写思路和设计框架，写出初稿。由方案到初稿，课文的具体编写者往往要进行艰难的创作才能完成。

第六步是主编的第一次审稿。主编就课文初稿是否落实了集体讨论的方案进行审稿。这一环节的关键在于，经过审读课文初稿，主编不仅可以判断原来的设计方案是否合理，而且通过初稿的启发可以提出另外的设计方案。在这一环节，主编要作出选择：如果接受编写者的这一初稿，就要提出具体、详细的修改建议，甚至提供具体材料和活动设计；如果还有更好的选择，就要拿出更好方案的基本框架和活动设计。

第七步是编写组的第一次统稿会。在统稿会上，课文编写者介绍自己的课文设计，包括设计本身与设计背后的思考，主编介绍自己第一次审稿的意见，接着每个成员提出自己的意见和建议，进行第二次“头脑风暴”，形成课文初稿的修改方案。

第八步是课文编写者落实修改方案。编写组要求课文编写者彻底地落实集体确定的修改方案，同时也可以将在修改过程中产生的新设计、新发现融入课文修改之中。

第九步是主编的第二次审稿。这次审稿要把课文当作成品来对待，主编要修改每一句话、每一个活动设计。如果对课文没有颠覆性的修改，就由主编加工完成，并交付出版社进行版式设计，制作试教版；如果有大的修改，就要返给编写者进行修改，使课文达到可以制作试教版的水准。

第十步是到小学试教。把印刷出来后的试教版课文交给不同类型小学的教师和学生，请他们以此为蓝本进行试教和试学，编写组成员到现场听课。这一环节的重要性在于，课文通过课堂来接受实践检验。在这一检验过程中，编写组既可以发现原来设计的问题，又可通过教师的使用、学生的课堂反应而获得新的启发，发现新的设计思路。正是通过试教，我们的课文设计有不少环节吸收了试教教师和学生的智慧。

第十一步是试教之后的现场研讨与调研。我们一般都会随机选择5至8名上课的小学生，就课文中的每一个环节进行座谈，倾听他们对课文的评价。孩子们的积极性、创造性有时候真是超出我们的想象，他们积极发言，毫不隐讳自己对教材某一特定环节的好恶，真是给了我们很大的帮助。现场研讨先由执教老师谈自己对课文的看法，包括哪些环节设计得比较好，哪些环节设计得不妥，有什么改进建议等。接着，课文编写者谈自己听课后的想法与修改思路。编写组根据从课堂中得到的启发进行集体讨论，最后确定课文的修改方案。

第十二步是完成送审稿。课文编写者根据试教所确定的修改方案进行修改，完成后交给主编统稿。如果课文比较成熟，就由主编一字一句地打磨，完成送审稿；如果主编觉得还不成熟，就再安排试教，再根据试教情况进行修改，使课文达到送审稿的水准。

经过这十二个严格的步骤，一篇课文送审稿的“制作工序”才算完成。课文的送审稿其实还是“毛坯”，从“毛坯”到最终的定稿，还要经过多次征求意见、审查、修改和编辑加工，历经千锤百炼，课文才最终完成。

（作者：高德胜，华东师范大学课程与教学研究所专职研究员）

3. 《合理消费》一课编写的点点滴滴

对于一线教师的我来说，教材是神圣的。自2012年进入小学《道德与法治》统编教材编写组，我内心一直忐忑，又十分好奇。编写教材光荣而艰巨，我能否胜任这项工作？教材中的课文究竟是怎样诞生的？众多课目是以怎样的方式“编织”成为富有逻辑感的教材的？这一切对我来说都充满了挑战。

我所在的中年段编写组是一个由不同年龄层次的编写人员组成的团队，包括经验丰富的一线教师、长期进行教学研究的教研员和从事德育研究的专家、教授。我们的主编是高德胜教授。高老师不仅学识渊博，思想睿智，对中小学道德教育有一颗拳拳之心，而且在编写教材方面经验丰富，思路清晰。他每次提出的意见和建议都非常中肯，还常常提供各种理论和实践材料供大家使用。有高老师做编写组的领路人，我们信心倍增。

编写工作漫长而艰辛。有时面对一个全新的课题，我们不知如何设计有效的课文结构；有时为说明一个道理，绞尽脑汁地寻找合适的材料；有时虽有很多思路，但难以理出妥当的逻辑主线；有时把一句话改来改去，只是为了揣摩小学三四年级孩子的真实想法和表达方式……再加上各方意见，修改数次甚至十余次都是常事。个中滋味，唯有编写者自知。现在，我就以编写《合理消费》一课为例，谈谈感受。

《合理消费》是四年级下册第二单元的一课。这一课主要是让学生辨认不合理的消费需求，养成量入为出、勤俭节约的消费习惯，学会合理消费。2013年3月第一稿完成之后，编写组照例召开统稿会。在统稿会上，课文编写者先阐述文稿的思路和设计，然后编写组集思广益，提出各自的建议，最后主编给出一个比较综合的意见。在这次修改中，大家建议删去比尔·盖茨生活节俭及慷慨捐款的例子，因为这个例子离学生生活比较遥远，也不能体现合理消费的主旨。高老师建议增加一个图表，展示合理消费和不合理消费的后果，帮助学生加深认识。高老师随即从自己平时积累的资料里取出一份材料给我参考。这是我们编写组特别好的地方：大家都能畅所欲言，主编从不空洞说教，不仅给意见，指出工作的方向，还备以丰富的资料库支撑，让人时刻感受到集体的温暖与力量。

2014年1月，这一课进行了第二次修改。除了一些提问需要重新设计，我重点修改了四处。一是增加了小茜买书包的例子，让学生由面到点，从具体事例中分析父母拒绝孩子要求的原因。二是预留了学生思考的空间。原先有三幅图及对白，让学生一一分析哪些是合理的、哪些是不合理的需求。但是课文把孩子的请求和父母的回应都写出来了，这样一来，学生就没有了思考的空间。因此，我删减了很多文字，只出现孩子的要求，让学生能够走进教材，实现真正的对话。三是增加了“怎样才能忍住不去想要”的部分，这是我最中意的一处改动。教材不是站在道德的制高点告诉学生该怎样做，而是真心实意地帮助学生想主意，解决现实问题。教材通过孩子的口吻，提出转移注意力、替代、冷处理等方法，引导学生学习具体的技能和方法，从心理的角度帮助学生控制不合理的欲望。四是在文末增加了一个外国女孩中大奖之后肆意挥霍的例子，旨在用这个极端的例子让学生认识到不合理花销的恶果。

半年多以后，这一课进行了第三次修改，重点集中于上次增加的小茜买书包的例子。上次修改主要关注了这个环节的设置，但忽视了文字的表达。这次修改突出了购买的背景，“那个书包价格昂贵，但是非常漂亮”，也描述了孩子的想法：“要是我能背着这个书包去上学，肯定好多同学都会羡慕我……”这样一来，情境就更加具体，学生在讨论时也能更准确地分析出父母拒绝的理由和主人公不合理需求的原因。这个细节让我认识到，自己离一个合格的教材编写者还差得很远。编写者不能只站在自己的立场上，更要从教师和学生的角度构思文字，考虑是否有利于教师授课中的引导和总结，能否让学生理解并在学习中真正领会编写者的思路，从而实现各个环节的教育目标。

在随后的两年中，经过试讲、编辑、印刷、送审等各个环节，这一课的表述、提问、活动形式等还经历了多处修改。给我印象深刻的是，经过讨论，删除了那个外国女孩中大奖后挥霍的例子，将其改为一篇比较理性的文章《棘轮效应》。有意见认为这个概念过于深奥，于是新的文字又被删改、简化。我们反复推敲，修改时犹豫过，也在意见反馈后坚持过……最终定稿的内容，无一不是经过大浪淘沙、千锤百炼的。

从我进入小学《道德与法治》统编教材编写组开始算起，转眼已经六七年过去了。我们有过无数次会议中的讨论与争辩，无数次教室中的聆听与交流，无数次深夜的辗转与思考……教材编写虽然极其耗费精力，但它又如同一座高山，令人向往不已，时时让人燃起攀登的激情。殚精竭虑，筚路蓝缕，我们一路辛苦而又幸福地走下来。我是非常幸运的，遇到这件有意义的事、那些可爱可敬的人，让我能够从日常琐碎的生活中昂扬向上，看到更为广阔的天地。

（作者：吴煜姗，南京市第一中学教师）

4. 发挥每一个细节的德育力量

为了编出一套对国家负责、对儿童负责的教材，编写者不仅需要从大处规划，而且要从细节打磨。小学《道德与法治》统编教材编写组力求让细节会“说话”，发挥其对儿童潜移默化的影响。

以儿童身边的风俗传承中华传统美德

中华优秀传统文化教育是小学《道德与法治》统编教材需要承担的一项重要任务。为了完成这一任务，编写组可谓绞尽脑汁。如四年级下册的《我们当地的风俗》一课，为了选出既能对接儿童的生活，又能传承中华美德的风俗，编写组广泛收集素材，并从中筛选。一开始，编写者优先考虑的是对接儿童的生活，于是选择了“十二生肖”和“压岁钱”两个风俗。在随后的教材试讲中，编写组发现儿童知道不少伴随自己成长的风俗，如“送红鸡蛋”“剃胎发”“抓周”等，这些风俗都寄托了长辈对晚辈健康成长的美好愿望。因此，在试讲之后的研讨中，编写组确定了以儿童成长的时间线索来选择风俗的思路，并把这个板块所要传承的中华美德确定为“爱幼”。为此，教材最终呈现了“送红鸡蛋”和“剃胎发”这两个风俗及一个留白设计，引导儿童结合自己的生活进行补充，并提出问题：“这些风俗寄托了长辈们哪些美好的祝愿？”以此引导儿童思考这些风俗背后所蕴含的中华传统美德。在后来与不同学科专家的商讨中，专家建议风俗的选择不仅要对接儿童的生活，而且还要进一步提升其德育内涵。故在随后的研讨中，编写组又把与儿童成长有关的风俗从“爱幼”自然过渡到了

“尊老”，因为“尊老”与“爱幼”是一对相互回应的美德。最终，这一部分的教材设计以对接儿童的生活为头，以实施中华传统美德的教育收尾。

以图片素材渗透城乡与性别公正教育

城乡和性别的公正是小学《道德与法治》统编教材关注的重要问题。解决好这一问题，不仅落实了国家要求，而且也可以对儿童产生潜移默化的影响。为了能够体现城乡和性别的公正，编写组除了从大处规划，还在细节上下功夫，在各种类型图片的选择中时时兼顾城乡和性别的公正。如在三年级下册《我家的好邻居》一课中，教材呈现了四张有关儿童与邻居小伙伴玩耍场景的照片，其中两张是城市场景的，另外两张是农村场景的。在三年级上册《学习伴我成长》一课中，呈现了一系列有关学习与儿童成长的图片。编写组在教材审读中，发现这些图片所呈现的“主角”都是男孩子，存在性别公正的问题。虽然重新画图需要较长的时间，但是编写组坚持替换，最终实现了男女比例的均衡。事实上，这种考虑城乡和性别公正的细节设计在教材中随处可见。为了体现城乡的公正，在每次教材试讲时，编写者还会拿着教材询问儿童：“教材中的这些场景你们熟悉吗？”为此，教材中很多图片的选择都是几易其稿。为了考虑统编教材的全国适用性，编写组对城乡公正的关注，甚至让部分城市儿童觉得有些场景很是陌生。记得有一次，编写组去北京的中国人民大学附属小学听课，就有教师建议编写组能否增加城市场景。后来，该教师在了解教材的统编性质，以及城乡公正问题后，对编写组的做法给予了充分的肯定。

以问题设计促进儿童生活经验的生长

经过十多年基础教育课程改革，道德教育与法律教育要从儿童的生活经验出发的理念已经深入人心。但是，如何能让儿童的生活经验得以提升，将儿童的经验引向深入，从而体现教育的价值，则是小学《道德与法治》统编教材编写组需要不断思考的问题。如在三年级下册《我家在这里》一课中，关于儿童生活的村庄（社区）的内容，一开始是从村庄（社区）的自然环境、熟悉的人和有趣的事等方面设计的，但编写组总感觉这样的设计虽然充分关注了儿童的生活经验，却没有将他们的经验引向深入。后来，在一次中年段教材的研讨会上，在大家绞尽脑汁也未想出更好的思路时，本套教材的执行主编高德胜教授从他那“大麻袋”式的公文包中拿出一本其他版本的教材。此教材中关于村庄的内容设计了这样的问题：“为什么大家要住在同一个村庄里呢？”这个问题一下子就打开了编写组的思路，我们由对村庄的表层了解深入到了探究村庄存在的意义。我们意识到，为了编好教材不仅需要编写组的智慧，也需要借鉴别人的智慧。因此，在教材编写过程中，高老师请人民教育出版社编辑帮助我们收集并复印了一些国外、港澳台地区与本学科相关的小学教材，以备在遇到问题时可以打开思路。

（作者：章乐，南京师范大学道德教育研究所教授）

5. 教材编写之“三味”：难、苦、乐

编写教材并非易事。作为自始至终的参与者，我对编写过程中的难、苦、乐都有切身体会。

编写教材的“三难”

“一难”是要为每一课找到好的编写思路。为每一课找到一个既有学术研究的基础，体现学术逻辑，又遵循教育规律，体现教育逻辑，实非易事。以四年级上册《正确认识广告》一课为例，从学术逻辑来看，要给小学生很严谨地讲清楚广告很难，似乎也没有必要。然而，在如此发达的现代商业社会中，广告又无处不在。因此，引导学生正确认识广告是必要的，有助于学生在生活中对广告信息进行甄别与判断，不会轻易地被广告之风吹跑带偏，这符合教育的逻辑。如何找到学术逻辑与教育逻辑之间的“中间地带”，实在考验编写组的水平。

“二难”是要找到好的活动设计。要落实每一课的好思路，必须得有好的活动设计。好的活动设计不是靠冥思苦想就能得到的，而是需要灵感和创意。比如，在引导学生认识自我时，以什么样的活动引导学生认识“活动中的自己、现实中的自己、理想中的自己、有内心世界的自己”，这非常考验编写者的想象力和创造力。

“三难”是如何找到好的素材。要在浩如烟海的知识库、素材库中，找到切合主题的好材料需要时时用心、长期积累。在编写四年级下册有关好朋友的话题时，我们需要一份能够点破“什么才是好朋

友、真友谊”的阅读材料。一开始，我们沿用历来被称道的“管鲍之交”。但是，编写组认为这一友谊典范并不足以表达我们想要传达给儿童的友谊观。因此，编写组一直在寻找更合适的替代材料，直到找到了三国吕岱与徐原的故事，向学生点明真正的朋友不是为自己护短、遮丑的，而是一面能让人正衣冠、谏言行的“好镜子”。纵使编写组在找材料时“众里寻他千百度”，好材料依旧难觅。为此，我们也常向学生、教师和其他专业人士求助。此外，编写组成员还为教材“量身定做”了一些材料。因此，教材中不少素材都是来自原创作品，如学生画的简易的校园示意图、一线教师写的师生相处中的暖心瞬间，以及一些寓言、童话、人生故事等。

编写教材的“一苦”

编写教材之苦不在于编写者的辛苦，而在于编写者面对教育现实与教育理想之间的距离而产生的“心苦”。在三年级下册编写“学习快乐”这一单元时，编写组就是否要编写这一主题、怎么编写的问题进行了多次讨论。有观点认为，编写这个主题的内容比较敏感：一是学生的现实学习压力大，这样一个主题有可能成为学生吐槽学习压力、抱怨学业负担的内容；二是现实学习压力也有可能让学生认为教材中构建的学习图景是一种不切实际的“高调”，不符合现实生活，教材内容有可能落下“假大空”之名。面对这些意见，编写组经过反复讨论，最后达成共识。既然学习对学生而言是最重要的事情，那么编写组就不应放任现状、迎合现实，而应迎难而上，以正现实之偏。有了这样的共识，编写组既要面对学生学习的现实境况，解决学生学不好、不愿学以及学习不自信的问题，又要倡导学习新风，帮助学生树立整全的学习观，从而尽可能地把教育理论中最新的“学习愿景”变成学生生活的现实。

编写教材的“三乐”

编写教材尽管有种种困难与苦闷，但其中的快乐也是不言而喻的。“一乐”是自由、民主地讨论与思考之乐。在2012年明媚的春光中，我们在鲁洁先生的带领下，开启这场编写教材的探寻之旅。在探寻中，编写组尽管多次就讨论主题各执一词，甚至难以调和，但思想间的碰撞与启发，确实让每个人都感受到高强度的智力活动带来的快乐。面对难题，当编写组冒出一个好主意时，大家都会叫好；有时也难免出现思维卡顿，大家就会拿着未完成的“功课”回家，继续思考，继续找材料。有一次，在小学课堂上试讲完三年级下册《不一样的你我他》这课后，大家在乘车返回途中还在讨论，感觉这一课似乎缺少一个落脚点。就在这时，鲁洁先生说：“这个落脚点就是‘和而不同’嘛！”经先生这么一说，大家豁然开朗。在编写过程中，像鲁洁先生、高德胜教授高屋建瓴、让大家豁然开朗的例子不胜枚举，这种开悟、渐悟、顿悟的智力快乐，实在难以言表。

“二乐”是收获之乐。当教材的初稿被投入真实的课堂进行检验时，如果教材设计的内容确实抓到了学生的“痒点”，触动、激发了学生，作为编写者，那种收获自己劳动成果的幸福感便油然而生。比如，在设计“爱心”这一经典主题时，以往教材都倾向于用“牺牲”“奉献”等词，把这一主题无限“拔高”。而我们设计的着眼点在于凸显“关爱”于平常处、细微间。在试讲中，学生把他们日常生活中那些细微的关爱讲了出来，编写者听得内心暖暖的。

“三乐”是创新之乐。教材编写基本完工后，我们再以研究者的目光审视这些文本时，确实感受到它们所具有的理论深度与实践温度。应该说，这些文本既反映了我国21世纪德育课程改革以来的新水平，又为以后德育教材的编写提供了一个高质量的起点。

（作者：唐燕，南京师范大学道德教育研究所副教授）

6. 只是因为热爱
——略记鲁洁先生对德育课程改革的贡献

2005年，在中国教育学会教育学分会德育论专业委员会开封年会的闭幕式上，卸下承担了20年之久的主任委员职务的鲁洁先生，有一段动情的告别讲话，其中有一句给我的印象最为深刻：“没有功利的目的，只是因为热爱。”“只是因为热爱”，我想这句话不仅是先生主持德育论专业委员会、投入教育研究，尤其是德育研究的心灵写照，也是她参与、领导德育课程改革的心情写照。

一、爱心课程论

我有幸参与德育课程改革，能够亲身体会、学习先生的爱心课程论，完全是因为先生。

2001年，我在北京师范大学通过博士学位论文答辩之后，虽然尝试了多种选择，但有一个念头越来越清晰、越来越明确、越来越坚定：南下拜在鲁洁先生门下继续做博士后研究工作。关于德育研究，我是半路出家，本来是学比较教育的，博士学位论文却是关于道德教育的，总感觉有点“不务正业”。所以，那时我并未进入道德教育学术圈，也未能有幸与先生谋面。但当时我对先生也并不陌生，主要通过两个渠道“认识”先生：一是先生的作品，二是关于先生的“叙事”。读先生的作品，感觉那不是一个古稀之人写的，总能读出先生理论见解后面的热情澎湃，总能感受到文字背后有一颗年轻的心在跳动。关于先生的“叙事”，我在拙著《生活德育论》的后记中是这样写的：“没来南师大之前，我已经听到了有关鲁洁先生的诸多‘叙事’。这些‘叙事’由这里出去的弟子讲出来，讲得那样真情实意，那样充满敬意，那样令人心向往之。”

我知道，做博士后研究，是我拜在先生门下的最后机会。那年夏天，我终于鼓足勇气，非常冒昧地给先生写了封自荐信，并随信将博士学位论文奉上。没想到很快就收到了面试通知，面试时第一次见到了先生。奇怪的是，我对面试时与先生第一次见面的情景，印象已经模糊，反而与先生的第二次见面却记忆犹新。记得那时还在北京准备打点南下的行装，我突然接到先生的电话。先生说她已经接受教育部的委托，主持《义务教育品德与生活课程标准》《义务教育品德与社会课程标准》的研制，问我是否愿意参加，启动会议地点就在北京大兴。记得会议开始那天晚饭后，与会同行一起陪先生在大兴校长大厦的周围散步，大家都在感慨任务的复杂、特殊与艰巨，先生则始终淡然处之，印象中先生好像说过这样一句话：“事情总得有人做”。

说实话，对先生以古稀之龄接手主持课程标准研制一事，很多人与我一样，不是没有疑惑。先生的学问始终处在教育理论研究的前沿，有太多的理论难题需要她去解决，将宝贵的时间和精力花在操作性的课程标准开发上是否值得。再说，课程开发与个性化的学术研究非常不同，牵涉面很广，免不了要接受各方面的评价甚至责难，更何况德育课程在我们国家永远都是那么敏感。随着工作的展开，我才慢慢了解到先生的心意。我的这些顾虑，先生也是有过的，所以一开始她并不愿意接手这件事。当时新课程改革已实施一年，其他各科的课程标准接近定稿，而教育部根据形势需要，决定将先期开始研发的小学生活课、社会课与思想品德课合并，需要有跨领域的德高望重之人来主持，所以对先生的邀请和劝说是少不了的。但我知道，先生之所以知难而上接受任务，最重要的考虑是想为中国儿童服务，用先生的话说：“课程标准做好了，上亿的儿童都会受益。”

先生童心未泯，对儿童有一种发自内心的爱。记得有一次与先生一起走在校园里，迎面走来一个三四岁的小女孩，先生情不自禁地俯下身与她交谈，爱抚着小女孩的头发，那一刻先生脸上绽放着从生命深处溢出的笑容！爱的本质不是别的，而是给予。我常常感觉到，先生在主持课程标准研制的过程中，将自己毕生的研究和体验给予孩子，她自身也得到了快乐和升华，一如先生与小女孩相遇时绽放的笑容。爱是一种内涵丰富的情感，除了给予，还伴随着关心、响应、尊重和了解。先生就是以这样爱的标准来实施课程标准的研究，将课程开发视为对儿童的关心、响应、尊重和了解的方式。课程标准研制组的成员都是不同领域的带头人，毕竟领域有别、专业有异，来自不同专业领域的分歧也是客观事实。但很快大家都领略了先生平等与包容的作风，尤其为先生对儿童发自内心的爱所感染。研制组很快就形成了一个有共同目标的、相处融洽的研究共同体，大家一起调研，开诚布公地表达意见，快乐地争执，最终研制出了一个“有思想”“有爱心”的课程标准。

思想一：品德培养回归生活。研制组通过调查和反复研讨后取得了一个共识，即道德存在于人的整体、整个生活，没有脱离生活的道德。脱离生活的道德和品德必将使这种道德抽象化、客体化，脱离了生活去培养人的品德也必将使这种培养因失去生活的依托和生活的确证而流于虚空、形式、无效。总之，品德的培养所遵循的应当是一种生活的逻辑，而不是一种纯学科的逻辑。

爱心：回归生活就是回归人。过去，我们的教育过于关注抽象化的道德符号、道德条目，而忽略了活生生的、有血有肉、有情有义的人。品德培养回归生活，实际上就是回归人，具体到义务教育阶段，就是回归儿童。教育、培养，其实就是爱。因此，“品德培养回归生活”实际上可以转译为“用爱去哺育儿童”。

思想二：关注儿童的现实生活。教育要回归生活，首先要特别关注儿童的现实生活。与成人不同，儿童有他们自身的生活需要与特点，不从这种需要与特点出发，教育几乎没有展开的可能。教育只有关注儿童的现实生活，才能确保有效性和与针对性。我们争取通过本门课程的实施，让儿童学会营造一种属于他们自己的健康、积极、快乐、负责、有爱心、有创意、肯动脑的生活。

爱心：了解、尊重、关心儿童。课程是教育爱的一种方式，而爱必须基于了解，因此要深入了解儿童的现实生活，了解他们的所思、所想、所感、所惑。课程体现出一种儿童文化，“力求做到的是从儿童自己的世界出发，用自己的眼睛观察社会，用自己的心灵感受世界，用自己的方式研究社会”，实际上就是对儿童及其生活方式的尊重和认可。最后的落脚点是让儿童过一种快乐的学校生活，体现对儿童的关心。

思想三：积极引导儿童的发展。以儿童自己的生活为课程基础，体现了对儿童的尊重。但是，尊重儿童并不是对儿童听之任之、放任自流。儿童作为发展中的人，他们自身有接受教育、接受引导的需要。教育者在引导儿童方面负有道义上的责任，尊重儿童必定内在地包含了对儿童的引导。因为只有在教育的引导下，儿童才能得到发展和提高，不断地提升自我价值。

爱心：响应与给予。儿童有接受引导的需要，教育就要响应这种需要。教育者的引导，实际上是一种给予。我们给予儿童的，不是物质财富，而是有生命活力的东西，是教育者对世界的理解，是教育者人生智慧与体验的结晶，这其中包括教育者自身的欢乐和悲伤。

《义务教育品德与生活课程标准（实验稿）》《义务教育品德与社会课程标准（实验稿）》面世以后，得到了理论研究者与教育教学实践者的一致认可和高度赞扬，甚至得到了国际同行的赞誉。我们取得了巨大的成功，为中国德育课程的发展与创新开辟了新的道路。说到这份贡献，先生总是将其归结为多方面因素相互作用的结果，尤其是课程标准研制组团结合作的结果，从不认为自己有多大贡献。我们理解先生的胸怀，理解先生一贯的作风，也认同先生的认识，但还是要说，如果没有先生高尚的风格、博雅的学识、宽厚包容的胸怀，尤其是先生对儿童的赤诚热爱之心，课程标准是不可能有目前这种面貌的。

二、与儿童对话

课程标准只是一个规范性文件，不会与学生直接“见面”，与学生直接“见面”的是教材。因此，如何体现课程标准的基本思想，编好教材是课程改革能否取得成效的重要一环。从这个意义上看，课程标准的研制与开发，只是开始。正是这个原因，先生放下手头的研究工作，全身心地投了教材的开发工作。先生倾毕生的研究积累，以对儿童的爱为依托，将教材定位为“与儿童对话的文本”。先生认为，教材是一种文本，对于这种文本的功能，过去我们在理解和认识上存在偏差，以为它只不过是信息和知识的载体。其实，文本还有一项非常重要的功能——对话。编出的教材应该是能与儿童进行对话、需要儿童进行创造的文本。

如何做到这一点呢？这就需要把儿童“放进”教材之中，使“教材中的儿童”和“教室中的儿童”形成一种“我—你”之间的对话关系。教材中的儿童与教室中的儿童相依相伴，一起面对并解决成长中的问题和烦恼，共同享受成长的幸福。在对话的过程中，文本及其中的儿童不断地向现实中的儿童提出一个又一个的问题，学生为了理解、回答这些问题，就必须理解教科书给出的准备性知识，同时，也必须对自己的生活经验进行反思和整理。通过这种对话，学生的思想观点和认识与教科书的思想观点和认识不断融合。正是通过这种融合，现实中的儿童得以进行自主建构，生成一个新的意义世界。这个新的意义世界既不是教科书所呈现世界的翻版，又不是儿童自己原本的主观世界，而是教科书和儿童自己共同创造出的一种新的意义世界。

如何才能将儿童“放进”教材之中呢？这取决于我们对儿童的了

解。为了做到这一点，先生带领我们深入课堂，与儿童交谈、对话，倾听他们的心声，分享他们的快乐，体会他们的困惑与忧伤。每一册教材主题的确定、每一单元话题的寻找、每一课学习内容的确定都来自与儿童的深入对话。一开始，我们这些长期做理论研究的人，缺乏与儿童交流的能力，与儿童交流有障碍，常常是孩子们听不懂我们说的话，不知道我们问的什么。但先生与儿童交流就不存在这种障碍，他们可以畅通无阻地说话、聊天。后来才慢慢体会到，这是先生在教我们做“顶天立地”的学问：一切教育研究都是实践研究，都是为孩子服务的，儿童既是我们努力仰望的“天”，也是我们深深扎根的“地”。

在我们国家，教材需要经过严格的审查。但先生说，我们的教材审查缺乏儿童的“审查”环节。实际上，儿童作为教材的使用者，是最有权利“审查”教材的，因为教材质量的好与坏，直接关系到他们的成长与发展。正是出于这样的考虑，先生带领教材研发队伍对每一课教材的初稿进行“试讲”，能够得到儿童认可、受儿童欢迎的才算基本通过，然后我们才根据课堂反应精雕细刻，找出那些课堂反应较差课文的问题所在，重新修改。当时，时间非常紧迫，而这样的工作方式非常耗时，所以经常加班加点。很多次，先生与我们一起每天听8节课，然后再讨论。一整天下来，我们当中二三十岁的青年人都累得不行，先生却始终精神饱满，真是让人自叹不如。先生从没叫过累，但实际上，人不是铁打的，不累是不可能的，支撑先生身心的，不是别的，正是她内心对儿童的爱。

在新课程改革中，名家主持编写教材的不在少数，但像先生这样尽心竭力，自己动笔的也许就不那么多了。先生是主编，是长辈，但在教材研发过程中更像“秘书”。对每一课思路的讨论，总是先生准备得最充分，她不但提出思路，还收集大量资料。每次讨论结束后，我们这些编写者都兴高采烈地到先生那里领取资料，因为先生早已将事先收集到的资料按课文主题分类装订，有时为一个主题收集的资料多达几十页。记得有一次在学校后门的复印店里碰到先生，她正提来厚厚的一包书复印。对每本书中需要复印的内容，先生事先都夹上小纸条，标明需要复印的页码。实在不忍心先生这样操劳，也担心先生的身体，我们就买了带复印功能的打印机给先生。有了“技术支持”，先生为我们准备的资料更丰富了。对各课初稿，大到调整总体思路，小到逐字逐句推敲，先生都要一个字一个标点地改。先生改过的底稿，上面密密麻麻地写满了先生的字迹，没有空白可写，先生就贴了很多小纸条。凡是最后落入我手的底稿，我都保存至今，视为无比珍贵的财富。

后来，我独立主持编写一套初中教材，我将从先生那里学来的一套方法照搬过来——充分调研，深入了解学生；公开、平等地讨论，发挥每一个人的聪明才智；对每一课进行试教，接受学生的“审查”；为大家收集资料，认真改写初稿；等等。虽然水平有限，但在这一套方法的指导下，居然也小有收获。正是在学习、模仿的过程中，我慢慢体会到这些做法背后隐含的爱。对话是教育方式，也是爱的方式。之所以要与学生对话，是因为教育者要将自己的教育爱传递给儿童以促进他们成长。要想实现真正的对话，教育者首先要做的就是深入了解儿童，真正走进他们的内心，想他们所想，虑他们所虑，将自己的生命体验与他们分享。面对如花的儿童，我们只能有一种选择，那就是爱他们。

先生热爱儿童，也热爱创造。我们总感觉先生的作品洋溢着勃勃生机，那是因为先生思考问题从不落俗套，没有那么多条条框框，她的思维极具敏锐性与批判性，更不乏解决问题的大智慧。先生常与我们说起“创造的快乐”，说自己喜欢思考，热爱研究。先生在开发教材的过程中也体会到了创造的快乐，为了编好教材，先生有时在夜深人静时思考，有时早早起床记下头脑中的一闪念。每当先生找到某个主题的设计思路、有了创造性的设计时，她总是那样快乐。此时，一起工作的每一个人也都能真切地感受到。这样的境界，在先生很多作品中都有体现，所以学兄们将先生的一部文集命名为《超越与创新》，我认为是非常恰当的。这样的境界，令人向往，只是那时的我还没有切身体会。当时，我刚从做博士学位论文的痛苦煎熬中走出来，还留有对学术研究的恐惧感。近年来，随着年龄增长，心态调整好了，才稍有体验：静心思考，创造性地解决教育学术问题本身就是幸福的。

三、行走在课堂

先生能够取得那么高的学术成就，原因是多方面的。我们这些不成器的弟子有时候开玩笑说先生是名门之后，家学深厚，岂是我等出身寒微之人所能比的。这样的玩笑话，当然不能当真，其实只是为自己的不努力开脱。我们都明白，先生之所以这么有成就，一个重要原因在于“善于”保护自己，在别人钻营名利的时候专心致志于学问。

以先生的名望，不知道有多少机构和个人会来打先生的旗号为自己“谋利”。对此，深有体会的先生以自己的原则坚决抵制，概不参加那些纯粹应酬性的、作秀性的、“别有用心”的活动，从而为自己赢得了相对自由的一片天空。我们这些学生，都能理解先生，所以从来不敢给先生添麻烦。这些年，也遇到过一些人想通过我联系先生，都被我一口回绝，一方面是出于对先生的保护，知道先生时间宝贵；另一方面也是出于对先生的敬畏，在先生如炬目光的注视下，一切藏有私心的话根本没有办法说出口。

但先生也是睿智灵活的，对真正有意义的事情，尤其是对儿童有价值的事情，先生都乐意参加。几年来，先生以古稀之龄深入小学课堂，有时候是两周一次，或三周一次，有一个学期是一周一次。先生的足迹遍布无锡、镇江、扬州、江宁等地的小学。当然，先生去得最多的地方是江宁和无锡，尤其是江宁。先生对江宁的德育课程教学研究倾注了大量心血，她既成了处于弱势、边缘地位的德育课教师的精神支柱和知心朋友，也成了广受小学生欢迎和敬爱的“鲁奶奶”。

先生与小学教师们一起备课，一起探讨教学难题，了解学校任课教师的生活和工作。她平易近人、待人诚恳，打破了理论工作者和实践工作者之间的隔阂，以对儿童的爱为纽带，与广大一线教师结下了深厚友谊。先生为他们的生活和学习提供了精神支持，为他们的专业成长提供了支持和帮助。这些教师在先生的帮助下，几年来都有可喜的发展，除了获得外在的奖励和荣誉，更重要的是，他们在与先生的对话与交流中懂得、体会到了爱儿童、被儿童爱的幸福，体验到了作为德育课教师应有的魅力和德育课教学本身的快乐。我曾经在不同场合听到过这些教师充满了对先生感激之情的言辞，不了解内情的人也许会觉得夸张，但我知道这些朴实无华的教师所说的都是由衷之言。

先生带领我们走进小学课堂进行的是一种真正意义上的行动研究。对此，我有以下几点认识。

第一，研究的目的在于促进教学，在于使小学教师得到成长，而不是为了研究者的学术成果。

第二，研究主题，即通过研究要解决的问题，是由理论工作者和一线教师共同确定的。当一线教师将自己在教学中遇到的困难及困惑和盘托出时，先生与大家一起梳理，确定有共性、关系重大的话题作为攻关对象。

第三，研究的组织与实施由一线教师主导，我们只是合作参与者。以江宁为例，在先生的倡导下，上元小学成立了学校德育课教研组，并以教研组为学校教学研究的基本单位，教研组通过集体备课、上研究课等形式，每两周或一个月解决一个小的研究任务，不断深入研究和实践，不断积累。在组建学校教研组的基础上，江宁区又成立了区德育课中心组，以带动整个区的德育课教研。这样一种依靠一线教师、由一线教师主导的研究机制，极大地调动了教师的研究积极性和创造热情，形成了一个学习与研究共同体。几年来，江宁区取得了可喜的成绩。

第四，与儿童进行直接的交流与对话。遇到问题，先生常说的一句话是“问问学生”，这样的思想，成了课题组的基本理念。大家都养成了凡事向学生请教的习惯，也因此设计出了多种多样与学生进行交流与对话的机制。

先生说："德育课堂，究其根本是一个引导儿童去探寻生活意义的课堂。它主要关注的不是教人学会一些谋生的工具性知识和本领，它关注的是使人懂得什么样的生活才是美好的，在生活中有什么是值得去追求的，它要帮助人去生成有意义的生活，去过有意义的生活，去形成内在于人的、有道德意义的世界。"[1]先生并不是将一些简单实用的教学方法教给小学一线教师，而是给予他们一种探索如何过美好德育课堂生活的方向。

对教师来说，教学过程何尝不是一种生活过程？如果教师能在这一过程中找到意义，找到值得追求的东西，本身不就是美好的吗？先生不是将如何取得研究成果的工具性知识教给我们这些理论工作者，而是教会我们如何融入课堂，如何在课堂中寻找真实的教育问题，发现研究的意义。惭愧的是，我虽然领悟了先生的这一良苦用心，但没能身体力行。客观理由当然是有的，比如，这种没有文字成果的行动研究与现今的学术评价机制不符，作为初入行者，没有研究成果就没有立足之地。但主要还是个性使然，这么多年的书房生活，我已经慢慢变得不会从事书房外的活动了。走出书房，总会感到紧张和烦躁，找不到关在书房中的自在和放松的感觉。几年来，对于深入小学进行研究之事，我总是时断时续，不如先生那样始终保持。先生宽容，虽

[1] 鲁洁. 行走在意义世界中——小学德育课堂巡视 [J]. 课程·教材·教法，2006(10)：20-24.

给我充分的选择权，但我内心的惭愧和不安总是挥之不去。

我们随先生到小学进行行动研究期间，不可避免地遇到了各种困难，让我感触很深的有以下几点。

第一是不信任。这些年，一些所谓的专家热衷于与基层学校进行合作研究，他们不是以研究为目的，而是以赚钱为目的，向基层学校收取高昂费用，基层学校已经习惯了这种“互利互惠”的合作方式。如果研究者不收费，基层学校反而觉得不正常，觉得研究者可能别有用心，甚至觉得研究者可能由于自己能力不行或者不入流而不敢收费。先生几年来行走于课堂，非但没有收基层学校一分钱，反而还自己贴钱给小学生买礼物，给参与研究的教师买资料、请他们吃饭。对那些怀疑的目光，先生不闻不问，用自己的真诚行动予以回应。

第二是不真诚。个别学校之所以参加各种研究活动，不是为了探讨问题，而是为了装点门面，所以作为研究者有时候会产生被那些学校当作工具利用的感觉。以先生之智慧，她不可能感觉不到这一点。有一次，我们就此困惑向先生讨教，先生的一席话让我们茅塞顿开：我们要摆正心态，不要老担心被别人利用。如果因为我们被利用而能够真正改进教学和学校工作，使孩子受益，那被利用不就是好事吗？

第三是不稳定。基层学校对学校领导的依赖性太强。一个领导一个样，换了领导，很多事情就面目全非了。几年来，在这方面我们吃过不少亏。与一些学校进行合作研究，通过两三年的磨合，研究步入了正轨，但一纸调令，校长走了，留下的工作要么无以为继，要么得从头开始。对于这样的情况，我们有时会感到灰心，先生也觉得无奈，但她总是积极面对。

作为弟子，对先生作出评价是异常困难的，我有自知之明，知道以自己的眼界，无法深窥先生的境界。评价先生的作品同样艰难，那是需要距离的，因为只有跳出作品本身，将其视为研究（包括批评、质疑）对象之后才有可能，我目前还无法做到这一点。最后，借用布鲁姆写给他的老师施特劳斯的话作为结束："我们当中了解他的人从他身上看到了一种心灵的力量，一种生命的和谐与坚毅，一种罕见的人性品质的混合，这一切构成了道德德性与智慧德性的和谐表达。"[1]

（作者：高德胜，华东师范大学课程与教学研究所专职研究员）

[1] 布鲁姆. 巨人与侏儒 [M]. 张辉，等，译. 北京：华夏出版社，2007：2.